Le Ombre della Virtù Stoica di Marco Aurelio

Dominare La Vita con la Saggezza dello Stoicismo e del Lavoro sulle Ombre

James H. Smith

Traduzione: G. S. Neri

∎∎∎

Marco Aurelio fu un imperatore romano, filosofo e leader militare che regnò dal 161 d.C. fino alla sua morte nel 180 d.C.. È noto per il suo profondo impegno nello stoicismo, una filosofia che sostiene la resilienza interiore, la virtù e l'accettazione dell'ordine naturale. Questa prospettiva stoica può essere collegata al lavoro con le ombre, un concetto psicologico incentrato sull'esplorazione e l'integrazione dei nostri aspetti inconsci. Esaminando il nostro io ombra, sviluppiamo la consapevolezza di noi stessi, affrontiamo le sfide interiori e coltiviamo una vita più autentica ed equilibrata. Marco Aurelio, attraverso le sue convinzioni stoiche e il suo approccio introspettivo, ha esemplificato la connessione tra stoicismo e lavoro con le ombre, abbracciando una visione olistica del miglioramento personale.

Le Ombre della Virtù Stoica di Marco Aurelio

Adattamento, copertina, copyright © 2024 ISBN OWNER

QUESTO È UN LAVORO PROTETTO DA COPYRIGHT, LEGALMENTE REGISTRATO/PROTETTO CON LA TECNOLOGIA BLOCKCHAIN
(NUMERO DI REGISTRAZIONE: DA-2024-049942)

Immagine di copertina: Creata su licenza commerciale di Midjourney Inc. Al 08/10/2023. Data di entrata in vigore della versione dei termini di servizio: 21 luglio 2023.

Tutti i diritti riservati. Nessuna parte di questo libro può essere utilizzata o riprodotta in alcun modo senza previa autorizzazione scritta.

ISBN: 978-65-00-93294-2

Edizione/Versione: 1/2 [Rivisto 4 febbraio 2024]

1. Etica. 2. Stoici. 3. La vita.

■ ΑΩ ■

Esclusione di responsabilità: le informazioni contenute in questo documento hanno uno scopo esclusivamente educativo e di intrattenimento. È stato fatto ogni sforzo per presentare informazioni accurate, aggiornate, affidabili e complete. Non viene espressa o implicita alcuna garanzia di alcun tipo. I lettori riconoscono che l'autore non è impegnato a fornire consigli legali, finanziari, medici o professionali. I contenuti di questo libro sono stati ricercati da varie fonti. Si prega di consultare un medico abilitato prima di tentare una qualsiasi delle tecniche descritte in questo libro. Leggendo questo documento, il lettore accetta che in nessun caso l'autore potrà essere ritenuto responsabile di eventuali perdite, dirette o indirette, subite in seguito all'uso delle informazioni contenute in questo documento, compresi, ma non solo, errori, omissioni o imprecisioni. Vi ringraziamo per la vostra comprensione.

Espandete i vostri orizzonti letterari e regalate la gioia della lettura: Scoprite un mondo di libri accattivanti che ispirano, educano e divertono!

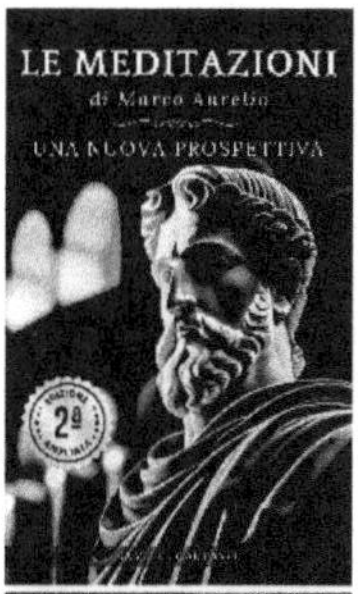

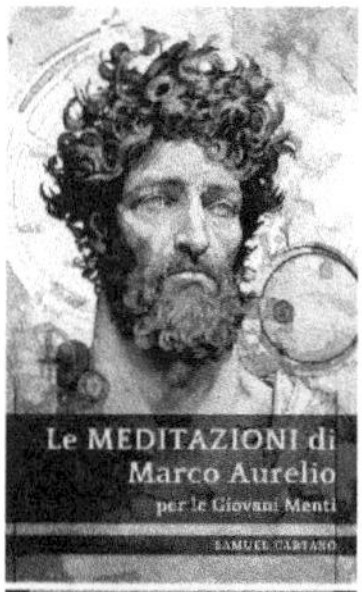

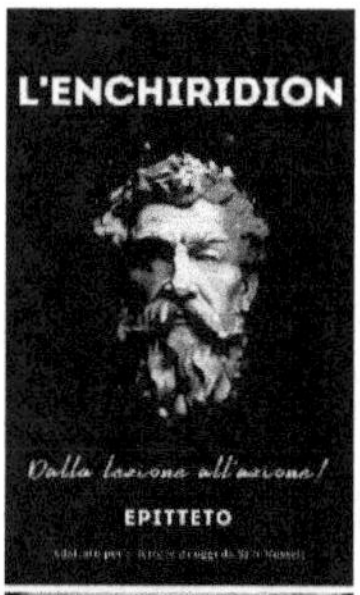

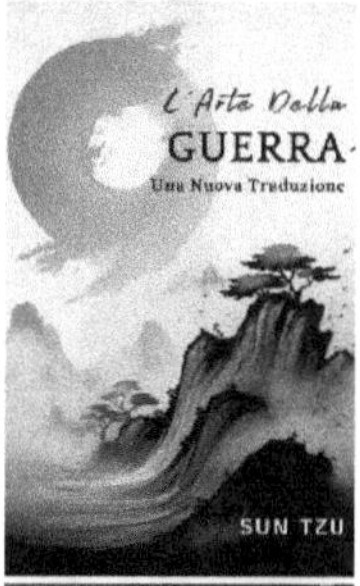

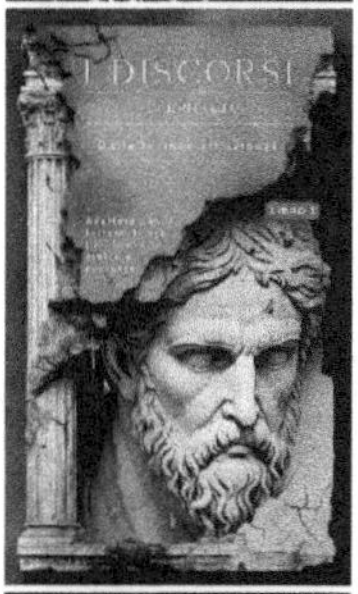

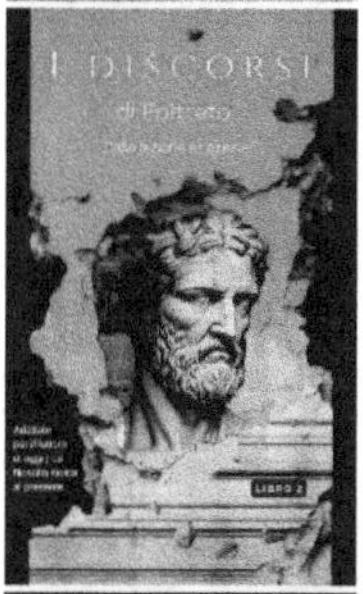

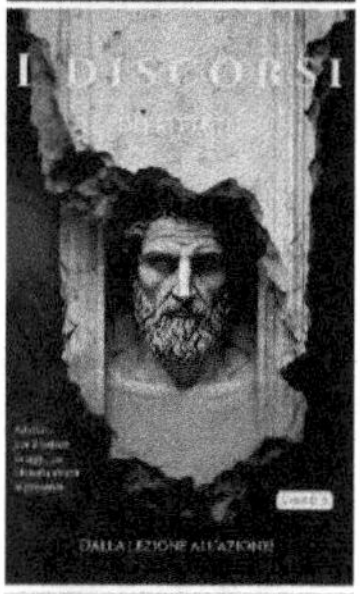

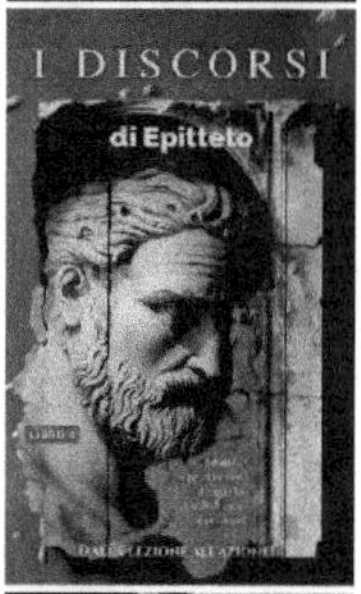

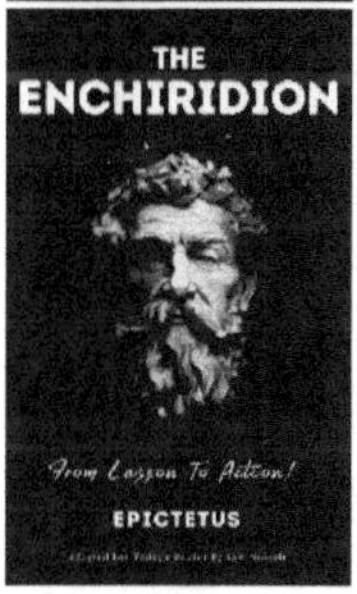

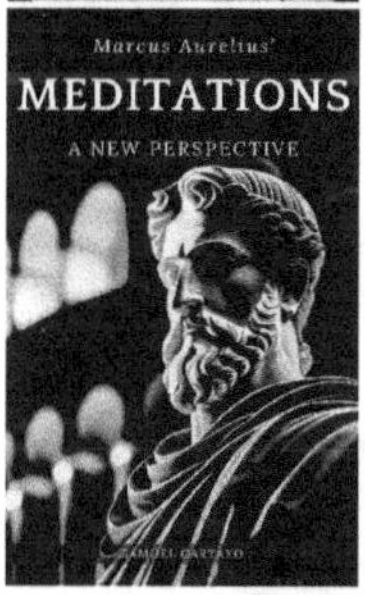

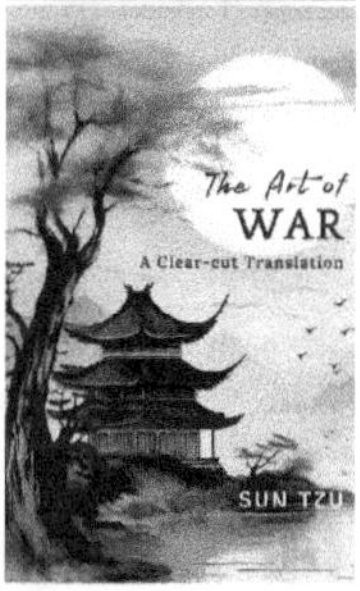

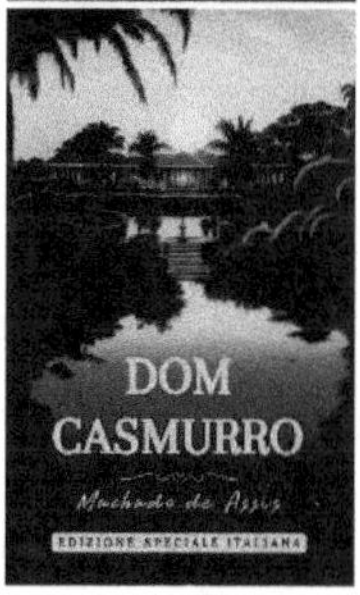

https://www.legendaryeditions.art/

CONTENUTI

1. Introduzione allo stoicismo e al lavoro con le ombre   1
    1.1. Capire lo stoicismo: Saggezza antica per la vita moderna   1
    1.2. Esplorare il concetto di lavoro ombra   4
    1.3. L'intersezione tra stoicismo e lavoro con le ombre   7
    1.4. Vantaggi dell'integrazione di stoicismo e lavoro ombra   11
    1.5. Come questo libro può aiutarvi a crescere   14
2. Conoscere se stessi: Svelare l'ombra   19
    2.1. Riflessione e consapevolezza di sé   19
    2.2. Identificare i tratti e i modelli dell'ombra   23
    2.3. Accogliere le emozioni scomode   26
    2.4. Accettare le proprie imperfezioni   29
    2.5. Il potere della vulnerabilità   32
3. Abbracciare la virtù: i principi stoici nella vita quotidiana   37
    3.1. Coltivare saggezza, coraggio, giustizia e temperanza   37
    3.2. Applicare le virtù stoiche alle sfide moderne   40
    3.3. Trovare un senso e uno scopo   42
    3.4. Praticare la gratitudine e la soddisfazione   46
    3.5. Navigare nelle situazioni difficili con la virtù   48
4. La dicotomia del controllo: Accettazione stoica e integrazione delle ombre   53
    4.1. Capire cosa si può e cosa non si può controllare   53
    4.2. Lasciare andare gli attaccamenti malsani   56
    4.3. Trasformare la paura e l'ansia   59
    4.4. Equilibrio tra controllo e abbandono   62
    4.5. Integrare gli aspetti ombra del controllo   65
5. Mindfulness e mente stoica: Osservare pensieri ed emozioni   69
    5.1. Sviluppare pratiche di Mindfulness   69
    5.2. Testimoniare i pensieri senza giudicare   72
    5.3. Tecniche di mindfulness stoica   75

- 5.4. Coltivare la resilienza emotiva — 78
- 5.5. Abbracciare le emozioni ombra in modo consapevole — 81
- 6. Costruire la resilienza: Affrontare le avversità con saggezza stoica — 85
  - 6.1. Comprendere la natura delle sfide — 85
  - 6.2. Tecniche stoiche per la resilienza — 88
  - 6.3. Trasformare il dolore in crescita — 91
  - 6.4. Costruire la durezza mentale ed emotiva — 94
  - 6.5. Abbracciare gli aspetti ombra della resilienza — 97
- 7. Coltivare la compassione: Amore stoico e integrazione delle ombre — 101
  - 7.1. Praticare l'autocompassione — 101
  - 7.2. Estendere la compassione agli altri — 104
  - 7.3. Amore stoico ed empatia — 107
  - 7.4. Perdonare e lasciar andare il risentimento — 110
  - 7.5. Integrare gli aspetti ombra dell'amore e della compassione — 113
- 8. Trovare significato e scopo: l'eudaimonia stoica e l'esplorazione delle ombre — 117
  - 8.1. Scoprire il proprio vero scopo — 117
  - 8.2. Allinearsi ai propri valori — 120
  - 8.3. Vivere una vita Eudaimonia — 123
  - 8.4. Superare le ombre esistenziali — 127
  - 8.5. Integrare gli aspetti ombra di scopo e significato — 130
- 9. Coltivare la gratitudine: Gioia stoica e riconoscimento delle ombre — 135
  - 9.1. La gratitudine come pratica stoica — 135
  - 9.2. Apprezzare i semplici piaceri della vita — 138
  - 9.3. Gratitudine di fronte alle sfide — 141
  - 9.4. Riconoscere gli aspetti ombra della gratitudine — 143
  - 9.5. Coltivare la gioia duratura attraverso la gratitudine — 146
- 10. Il viaggio in avanti: Sostenere la crescita e l'integrazione — 151
  - 10.1. Riflettere sui propri progressi — 151
  - 10.2. Mantenere una pratica quotidiana — 154
  - 10.3. Superare le difficoltà e le sfide — 157
  - 10.4. Cercare sostegno e comunità — 160
  - 10.5. Abbracciare il viaggio continuo alla scoperta di se stessi — 164
- INDICE — 169

PREFAZIONE

Benvenuti nell'affascinante mondo dello Stoicismo e del Lavoro con le ombre. In questo libro, intraprenderete un viaggio trasformativo che combina la saggezza antica con le intuizioni moderne per aiutarvi a navigare nelle complessità della vita.

Derivato dagli insegnamenti del famoso filosofo stoico Marco Aurelio, questo libro offre una prospettiva unica sulla crescita personale e sull'auto-riflessione. Approfondisce il concetto di Lavoro con le ombre, guidandovi attraverso il processo di scoperta dei vostri aspetti nascosti, di accettazione delle imperfezioni e di integrazione delle vostre ombre per una vita più soddisfacente.

Ma che cos'è esattamente lo stoicismo, vi chiederete? Lo stoicismo non è solo una filosofia astratta; è una filosofia pratica che vi permette di affrontare le sfide della vita con resilienza, coraggio e saggezza. Coltivando virtù come la giustizia, la temperanza e la saggezza, imparerete a gestire le situazioni difficili, a trovare un significato e uno scopo e a vivere una vita virtuosa.

Al centro di questo libro c'è il concetto di Lavoro con le ombre, che invita a esplorare le profondità del proprio essere, svelando gli aspetti di sé che possono essere stati trascurati o soppressi. Attraverso l'auto-riflessione, l'accettazione di emozioni scomode e la vulnerabilità, si potrà acquisire una profonda comprensione del proprio vero sé.

Questo libro offre tecniche ed esercizi pratici per aiutarvi a sviluppare la consapevolezza, a osservare i vostri pensieri ed emozioni senza giudicarli e a coltivare la resilienza emotiva. Abbracciando la dicotomia del controllo, imparerete a lasciar andare ciò che è fuori dal vostro controllo e a concentrarvi su ciò che potete influenzare.

PREFAZIONE

Nel corso del viaggio, scoprirete anche il potere della compassione e della gratitudine. Praticando l'autocompassione ed estendendo l'empatia verso gli altri, creerete legami più profondi e troverete un maggiore senso di appagamento nelle vostre relazioni. La gratitudine sarà la vostra guida per trovare gioia nei piaceri più semplici della vita, anche di fronte alle avversità.

Questo libro non è una soluzione rapida, ma piuttosto una tabella di marcia per la crescita e l'integrazione personale. Invita a riflettere sui propri progressi, a mantenere una pratica quotidiana, a superare le battute d'arresto e le sfide e a cercare il sostegno di una comunità di persone che la pensano allo stesso modo. Riconosce la natura continua della scoperta di sé e ricorda che il viaggio stesso è importante quanto la destinazione.

Nell'intraprendere questo viaggio di trasformazione, ricordate che il potere di cambiare è dentro di voi. Questo libro funge semplicemente da guida, offrendo spunti e strumenti per sostenere la vostra crescita. Sta a voi accogliere gli insegnamenti, applicarli alla vostra vita e assistere alle trasformazioni positive.

Ora, caro lettore, ti invito a tuffarti nelle pagine che ti aspettano, dove troverai una grande quantità di conoscenze, esercizi pratici e intuizioni profonde. Preparatevi a un'esperienza di lettura unica e significativa, che ha il potenziale di cambiare la vostra vita. Che questo libro possa essere una fonte di guida e di ispirazione nel vostro cammino verso la scoperta di voi stessi e la trasformazione personale.

Buon viaggio in questo percorso di Stoicismo e Lavoro con le ombre.

James H. Smith

1. Introduzione allo stoicismo e al lavoro con le ombre

1.1. Capire lo stoicismo: saggezza antica per la vita moderna

Lo stoicismo, un'antica filosofia nata in Grecia, continua a risuonare nel mondo moderno. Va oltre i principi astratti e offre una saggezza pratica per le sfide quotidiane. In sostanza, lo stoicismo ci insegna a capire su cosa abbiamo il controllo e su cosa no, e a concentrare le nostre energie su ciò che possiamo influenzare.

Uno degli aspetti chiave dello stoicismo è il concetto delle quattro virtù cardinali: saggezza, coraggio, giustizia e temperanza. Queste virtù servono come principi guida per una vita buona e soddisfacente. Coltivando la saggezza, siamo in grado di formulare giudizi validi e di agire secondo ragione. Il coraggio ci permette di affrontare le nostre paure e le sfide con resilienza e determinazione. La giustizia consiste nel trattare gli altri con equità e rispetto, mentre la temperanza ci incoraggia a esercitare l'autocontrollo e la moderazione nelle nostre azioni ed emozioni.

Un altro concetto fondamentale dello Stoicismo è la dicotomia del controllo. Questo principio ci insegna a distinguere tra le cose che sono sotto il nostro controllo e quelle che non lo sono. Concentrandoci su ciò che possiamo controllare, possiamo evitare inutili sofferenze e frustrazioni. Questo non significa che gli stoici siano passivi o indifferenti agli eventi esterni, ma piuttosto che li affrontano con prospettiva e accettazione.

Lo stoicismo sottolinea anche l'importanza della consapevolezza e dell'autoconsapevolezza. Essendo presenti nel momento attuale e osservando i nostri pensieri e le nostre emozioni senza giudizio, possiamo sviluppare una comprensione più profonda di noi stessi. Questa autoconsapevolezza ci permette di riconoscere i nostri tratti e schemi ombra - aspetti di noi stessi che spesso sono nascosti o repressi. La comprensione di questi aspetti ombra è fondamentale per la crescita personale e il superamento dei conflitti interni.

La pratica stoica della visualizzazione negativa è un altro strumento prezioso per la vita moderna. Contemplando l'impermanenza delle cose e immaginando gli scenari peggiori, possiamo coltivare la gratitudine per il momento presente e rafforzare la nostra resilienza di fronte alle avversità. Questa pratica ci aiuta ad apprezzare ciò che abbiamo e a prepararci mentalmente alle potenziali sfide.

In sostanza, lo stoicismo offre un quadro pratico per affrontare le complessità della vita moderna. La sua enfasi sulla virtù, l'autocontrollo, la consapevolezza e la resilienza ci fornisce gli strumenti per coltivare un'esistenza più significativa e appagante. Integrando questi principi stoici nella nostra vita quotidiana, possiamo sviluppare un maggiore senso di scopo, forza interiore e benessere emotivo.

Nei capitoli successivi di questo libro, approfondiremo l'applicazione pratica dello stoicismo ed esploreremo la sua intersezione con il concetto di lavoro con le ombre. Combinando gli antichi insegnamenti con le moderne intuizioni psicologiche, i lettori otterranno preziose informazioni sulla propria psiche, impareranno ad affrontare le sfide della vita con saggezza e resilienza e, infine, coltiveranno un senso più profondo di realizzazione e di scopo.

METTERE IN PRATICA

(1) Coltivare la saggezza attraverso giudizi e azioni sani e basati sulla ragione. Esempio: Prima di prendere una decisione importante, prendetevi il tempo necessario per raccogliere informazioni rilevanti, valutare diverse prospettive e considerare le potenziali conseguenze.

Questo vi aiuterà a fare scelte informate e a evitare decisioni impulsive o irrazionali.

(2) Sviluppare il coraggio di affrontare paure e sfide con resilienza e determinazione. Esempio: Sfidate voi stessi a fare qualcosa che vi spaventa ogni settimana, che si tratti di parlare in pubblico, provare un nuovo sport o esprimere i vostri veri sentimenti a qualcuno. Uscendo dalla vostra zona di comfort, acquisirete coraggio e vi renderete conto di essere in grado di superare gli ostacoli.

(3) Praticare la giustizia trattando gli altri con equità e rispetto. Esempio: Nelle interazioni con gli altri, sforzatevi di ascoltare attivamente, di considerare i diversi punti di vista e di trattare tutti con gentilezza ed empatia. Questo creerà un ambiente armonioso e inclusivo in cui tutti si sentiranno apprezzati e rispettati.

(4) Esercitare autocontrollo e moderazione nelle azioni e nelle emozioni. Esempio: Di fronte a una situazione allettante o a una forte reazione emotiva, fermatevi e fate un respiro profondo. Riflettete sui vostri valori e obiettivi a lungo termine prima di fare scelte o reazioni impulsive. Questo vi aiuterà a prendere decisioni in linea con i vostri principi e a mantenere l'equilibrio emotivo.

(5) Distinguere tra ciò che è sotto il proprio controllo e ciò che non lo è. Esempio: Invece di preoccuparsi di eventi o circostanze esterne che sfuggono al vostro controllo, concentratevi sui vostri pensieri, atteggiamenti e azioni. Riorientando le energie verso ciò che potete cambiare, proverete meno frustrazione e ansia e sarete più efficaci nel raggiungere i vostri obiettivi.

(6) Praticare la mindfulness e l'autoconsapevolezza per approfondire la conoscenza di se stessi. Esempio: Dedicare ogni giorno alcuni minuti alla meditazione mindfulness o alla riflessione. Osservate i vostri pensieri e le vostre emozioni senza giudicarli e sforzatevi di comprendere gli schemi e le motivazioni alla base dei vostri comportamenti. Questa autoconsapevolezza vi permetterà di fare scelte consapevoli e di liberarvi da convinzioni limitanti o da schemi malsani.

(7) Impiegate la pratica della visualizzazione negativa per sviluppare gratitudine e resilienza. Esempio: Prendetevi un momento al giorno per immaginare di perdere qualcosa o qualcuno a cui tenete molto.

Questo esercizio vi aiuterà ad apprezzare il momento presente e le cose che spesso date per scontate. Inoltre, vi preparerà mentalmente ad affrontare le sfide future, rendendovi più resilienti di fronte alle avversità.

Incorporando questi passi nella vostra routine quotidiana, avrete l'opportunità di abbracciare la saggezza pratica dello stoicismo e di migliorare la vostra vita con un significato e una realizzazione maggiori.

1.2. ESPLORARE IL CONCETTO DI LAVORO OMBRA

Esplorare l'idea del lavoro con le ombre è una parte fondamentale del nostro viaggio verso la scoperta di noi stessi e lo sviluppo personale. In questa discussione ci addentreremo nella mente umana e faremo luce sugli aspetti di noi stessi che spesso nascondiamo o ignoriamo. Il lavoro sull'ombra è un concetto psicologico reso popolare dallo psichiatra svizzero Carl Jung. Egli riteneva che l'ombra rappresentasse le parti inconsce della nostra personalità che rifiutiamo o sopprimiamo.

Riconoscendo e integrando questi aspetti dell'ombra, possiamo raggiungere un maggiore senso di completezza ed equilibrio in noi stessi.

Il primo passo per esplorare il concetto di lavoro ombra è coltivare l'autoriflessione e la consapevolezza. Si tratta di osservare più da vicino i nostri pensieri, le nostre emozioni e i nostri comportamenti e di esaminare le parti di noi stessi che forse esitiamo ad affrontare. Attraverso l'introspezione e le pratiche di mindfulness, possiamo iniziare a far luce sui nostri tratti e schemi ombra, permettendoci di comprendere più a fondo le nostre motivazioni inconsce e i nostri desideri nascosti.

L'identificazione dei tratti e dei modelli ombra può essere un processo impegnativo ma gratificante. Richiede di confrontarsi con gli aspetti di noi stessi che possiamo trovare scomodi o vergognosi.

Ciò può comportare il riconoscimento di tratti come la rabbia, la gelosia, l'insicurezza o qualsiasi altra qualità che consideriamo negativa o indesiderabile. Riconoscendo e accettando questi tratti ombra, possiamo iniziare a lavorare per integrarli nella nostra consapevolezza, consentendo un'espressione più equilibrata e genuina di noi stessi.

Abbracciare le emozioni scomode è un altro aspetto vitale del lavoro con le ombre. Ciò significa permettere a noi stessi di sperimentare ed esprimere emozioni come la paura, la tristezza o il dolore, senza giudizio o soppressione. Accogliendo queste emozioni scomode, possiamo liberarci del potere che hanno su di noi e acquisire un maggior senso di libertà emotiva e di resilienza.

Accettare le nostre imperfezioni è un passo cruciale nel processo del lavoro con le ombre. Richiede di abbracciare i nostri difetti e le nostre vulnerabilità, riconoscendo che sono una parte intrinseca dell'esperienza umana. Accettando le nostre imperfezioni, possiamo coltivare un maggiore senso di autocompassione e di autoaccettazione, favorendo una connessione più profonda con noi stessi e con gli altri.

Il potere della vulnerabilità è un aspetto trasformativo del lavoro con le ombre. Permettendoci di essere vulnerabili, possiamo creare connessioni più profonde con gli altri e coltivare un maggiore senso di autenticità e intimità nelle nostre relazioni. Abbracciare la vulnerabilità ci permette di lasciar andare le maschere che indossiamo e di rivelare il nostro vero io, favorendo un senso di autentica connessione e appartenenza.

Esplorare il concetto di lavoro sull'ombra significa scavare in profondità nella nostra mente e scoprire gli aspetti inconsci della nostra personalità. Coltivando l'autoconsapevolezza, identificando i tratti e gli schemi dell'ombra, accogliendo le emozioni scomode, accettando le nostre imperfezioni e abbracciando la vulnerabilità, possiamo iniziare a integrare i nostri aspetti ombra e raggiungere un maggiore senso di completezza e autenticità. Questo processo di integrazione dell'ombra è una parte essenziale del nostro viaggio verso la scoperta di noi stessi e la crescita personale, che porta infine a un modo di vivere più appagante e consapevole.

METTERE IN PRATICA

(1) Praticate l'autoriflessione e la mindfulness per fare luce sugli aspetti in ombra: Prendetevi del tempo ogni giorno per riflettere sui vostri pensieri, emozioni e comportamenti. Notate eventuali schemi o tratti che potreste evitare o negare. Ad esempio, se vi capita spesso di provare gelosia nelle vostre relazioni, esplorate le ragioni sottostanti a questa emozione e come può influire sulle vostre azioni e relazioni.

(2) Identificare e riconoscere i tratti e i modelli ombra: Fate un elenco delle qualità o dei comportamenti che tendete a rifiutare o a reprimere. Ad esempio, la rabbia, l'insicurezza o la paura del fallimento. Riconoscendo e accettando questi tratti ombra, potete iniziare a lavorare per integrarli nella vostra consapevolezza. Per esempio, se avete la tendenza a reprimere la rabbia, esercitatevi a esprimerla in modi sani e costruttivi per creare un'espressione più equilibrata e autentica di voi stessi.

(3) Accogliere le emozioni scomode senza giudicarle o sopprimerle: Permettete a voi stessi di sperimentare ed esprimere pienamente emozioni come la paura, la tristezza o il dolore. Creare uno spazio sicuro per elaborare queste emozioni e liberarsi di qualsiasi presa che possano avere su di voi. Ad esempio, se vi sentite tristi, datevi il permesso di piangere ed esprimere le vostre emozioni invece di reprimerle.

(4) Accettare e accogliere le imperfezioni: Riconoscere che le imperfezioni sono una parte naturale dell'essere umano. Abbracciate i vostri difetti e le vostre vulnerabilità, trattandoli con autocompassione e accettazione. Questo può aiutare a coltivare una connessione più profonda con se stessi e con gli altri. Per esempio, se lottate con l'autocritica, praticate l'autocompassione riconoscendo che nessuno è perfetto ed essendo gentili con voi stessi quando fate degli errori.

(5) Abbracciate la vulnerabilità per ottenere connessioni più profonde e autenticità: Permettete a voi stessi di essere vulnerabili nelle relazioni e nei legami con gli altri. Condividete il vostro vero io, compresi i vostri aspetti ombra, e lasciate andare le maschere che indossate per favorire connessioni autentiche. Ad esempio, se avete

difficoltà a chiedere aiuto o a mostrarvi vulnerabili, esercitatevi ad aprirvi con gli altri e ad essere autentici riguardo alle vostre difficoltà e paure.

(6) Integrare gli aspetti ombra per una maggiore completezza e autenticità: Man mano che diventate più consapevoli dei vostri tratti e schemi ombra, lavorate per integrarli nella vostra consapevolezza. Questo processo implica la comprensione delle motivazioni alla base di questi aspetti e la ricerca di modi sani per esprimerli e canalizzarli. Per esempio, se tendete a essere insicuri nei contesti sociali, prendete provvedimenti per aumentare la vostra autostima ed esercitatevi ad affermare voi stessi in modo sicuro e autentico.

In generale, quando ci si impegna nell'auto-riflessione, si abbracciano e si incorporano le parti di sé che si possono considerare "oscure", ci si apre alla vulnerabilità e si nutre la gentilezza verso se stessi, si può iniziare un viaggio trasformativo di miglioramento e scoperta di sé. Questo viaggio può infine portare a un modo di vivere più soddisfacente e consapevole.

1.3. L'INTERSEZIONE TRA STOICISMO E LAVORO CON LE OMBRE

La combinazione di Stoicismo e Lavoro con le ombre è un concetto intrigante e d'impatto che ha il potenziale per migliorare notevolmente la nostra crescita personale e il nostro benessere emotivo. Lo stoicismo, un'antica filosofia fondata ad Atene da Zenone di Citium all'inizio del III secolo a.C., ci insegna a sviluppare l'autocontrollo, la resilienza e la forza interiore di fronte alle sfide della vita. Il Lavoro con le ombre, invece, un concetto psicologico reso popolare da Carl Jung, prevede l'esplorazione degli aspetti nascosti e inconsci della nostra personalità per integrarli nel nostro io cosciente.

Quando questi due concetti vengono uniti, si crea un approccio completo alla scoperta di sé e allo sviluppo personale. Lo stoicismo ci fornisce gli strumenti per affrontare le avversità con coraggio e saggezza, mentre il Lavoro con le ombre ci permette di scoprire e abbracciare le emozioni e i tratti repressi dentro di noi. Incorporando entrambe le filosofie, possiamo acquisire una comprensione più profonda di noi stessi e coltivare una maggiore resilienza emotiva.

Il principio stoico del "conosci te stesso" si allinea strettamente al concetto di Lavoro con le ombre. Entrambi sottolineano l'importanza dell'autoriflessione, della consapevolezza di sé e dell'accettazione delle proprie imperfezioni. Lo stoicismo ci incoraggia a esaminare i nostri pensieri e comportamenti, mentre il Lavoro con le ombre esplora gli aspetti inconsci della nostra personalità che possono influenzare le nostre azioni consapevoli. Integrando questi due approcci, possiamo raggiungere una comprensione più completa e sfumata di noi stessi, che porta a una profonda crescita personale.

Inoltre, le virtù stoiche della saggezza, del coraggio, della giustizia e della temperanza possono essere applicate direttamente al processo del Lavoro con le Ombre. Quando affrontiamo gli aspetti nascosti del nostro sé ombra, abbiamo bisogno di saggezza per discernere gli schemi e le motivazioni sottostanti, di coraggio per affrontare le emozioni scomode, di giustizia per trattare noi stessi con compassione ed equità e di temperanza per regolare le nostre reazioni alle rivelazioni impegnative che emergono.  Questa integrazione ci permette di navigare attraverso gli aspetti ombra della nostra psiche con resilienza e virtù.

Inoltre, il concetto stoico della dicotomia del controllo può essere applicato anche al Lavoro con le ombre. Lo stoicismo ci insegna a identificare ciò che è sotto il nostro controllo e ciò che non lo è, e a concentrare le nostre energie sul primo. Se applicato al Lavoro con le ombre, questo principio ci aiuta a determinare quali aspetti del nostro sé ombra possiamo integrare consapevolmente e quali invece possono richiedere l'assistenza di un professionista o un'ulteriore introspezione. Incorporando la dicotomia stoica del controllo, ci avviciniamo al Lavoro con le ombre con un chiaro senso dello scopo e della direzione.

L'intersezione tra Stoicismo e Lavoro con le ombre fornisce un quadro potente per la crescita personale e la guarigione emotiva. Integrando la saggezza senza tempo dello Stoicismo con la profondità del Lavoro con le Ombre, intraprendiamo un viaggio alla scoperta di noi stessi che è arricchente e trasformativo. Questo approccio olistico ci permette di coltivare la resilienza emotiva, approfondire la consapevolezza di noi stessi e abbracciare la totalità del nostro essere con coraggio e compassione.

METTERE IN PRATICA

(1) Praticate l'autoriflessione e la consapevolezza di voi stessi: Dedicate ogni giorno del tempo a riflettere sui vostri pensieri e comportamenti e a diventare più consapevoli delle vostre emozioni e dei vostri schemi. Questo può essere fatto attraverso un diario, la meditazione o semplicemente prendendosi qualche minuto di silenzio per osservare il proprio stato interno. Esempio: Ogni sera, dedicate 10 minuti a scrivere un diario sulla vostra giornata. Riflettete sulle vostre interazioni, sui pensieri e sulle emozioni. Notate eventuali schemi ricorrenti o fattori scatenanti. Impegnandosi regolarmente nell'auto-riflessione, è possibile approfondire la conoscenza di se stessi e identificare le aree di crescita personale.

(2) Abbracciate ed esplorate il vostro sé ombra: Prendetevi il tempo per riconoscere e integrare gli aspetti nascosti della vostra personalità che potreste aver soppresso o trascurato. Questo può comportare la ricerca di una terapia o di una guida da parte di un professionista specializzato nel lavoro con le ombre, oppure l'impegno in pratiche come l'analisi dei sogni o l'espressione creativa che aiutano a scoprire questi aspetti inconsci. Esempio: Considerate la possibilità di lavorare con un terapeuta specializzato nel lavoro con le ombre per esplorare emozioni o esperienze represse del vostro passato. Abbracciando il proprio sé ombra con il supporto di un professionista, si possono acquisire conoscenze sulle proprie motivazioni inconsce e sviluppare strategie di guarigione e crescita.

(3) Coltivare le virtù stoiche: Sviluppare qualità come la saggezza, il coraggio, la giustizia e la temperanza per affrontare il processo del lavoro con l'ombra con resilienza e virtù. Esercitatevi a prendere decisioni e ad intraprendere azioni in linea con queste virtù e sforzatevi di incarnarle nella vostra vita quotidiana. Esempio: Quando vi trovate di fronte a emozioni scomode o a rivelazioni impegnative durante il lavoro con l'ombra, coltivate la virtù del coraggio permettendovi di sperimentare ed elaborare pienamente questi sentimenti. Praticate la temperanza regolando le vostre reazioni ed evitando comportamenti impulsivi. Incarnando queste virtù, potrete navigare nelle profondità della vostra psiche con forza e integrità.

(4) Applicare la dicotomia stoica del controllo: Riconoscete quali aspetti del vostro sé ombra potete integrare e lavorare consapevolmente, e identificate quelli che potrebbero richiedere un'ulteriore introspezione o assistenza professionale. Concentrate le vostre energie e i vostri sforzi sugli aspetti che potete controllare e cercate un sostegno per quelli che richiedono una guida aggiuntiva. Esempio: Nell'esplorare il vostro sé ombra, distinguete tra i tratti o le emozioni che potete lavorare per integrare in modo autonomo e quelli che potrebbero richiedere l'assistenza di un terapeuta o di un coach. Concentratevi sugli aspetti su cui avete il controllo, come la modifica di alcuni comportamenti, pur riconoscendo che la ricerca di un aiuto professionale è utile per un'esplorazione e una guarigione più profonda.

(5) Impegnarsi nella scoperta olistica di sé: Abbracciate l'approccio olistico dell'integrazione dello Stoicismo e del Lavoro con le ombre per coltivare la resilienza emotiva, approfondire l'autoconsapevolezza e abbracciare il vostro intero essere. Esplorate le risorse, i libri e i seminari che combinano queste due filosofie per migliorare ulteriormente il vostro percorso di crescita personale. Esempio: Partecipare a un workshop o unirsi a un club del libro che si concentra sull'intersezione tra stoicismo e lavoro con le ombre. Partecipate a discussioni e attività che offrono strumenti pratici per la resilienza emotiva e la scoperta di sé. Immergendovi in questo approccio olistico, potrete accelerare la vostra crescita e trasformazione personale.

Assicuratevi di personalizzare questi punti d'azione in base alle vostre esigenze e preferenze personali. Se ne sentite la necessità, non esitate a chiedere una consulenza o una guida professionale.

1.4. VANTAGGI DELL'INTEGRAZIONE DI STOICISMO E LAVORO OMBRA

La combinazione di stoicismo e lavoro con le ombre offre numerosi vantaggi che possono avere un impatto profondo sulla vita di una persona. Fondendo l'antica saggezza dello Stoicismo con il moderno concetto psicologico del Lavoro con le ombre, gli individui possono sviluppare un senso più forte di autoconsapevolezza, resilienza e intelligenza emotiva.

Uno dei principali vantaggi dell'integrazione tra stoicismo e lavoro con le ombre è la capacità di migliorare l'autoconsapevolezza. Attraverso il Lavoro con le Ombre, gli individui possono scoprire aspetti nascosti della loro personalità, come paure, insicurezze ed emozioni irrisolte. Questo processo consente una comprensione più profonda di se stessi e delle proprie azioni, indispensabile per la crescita e lo sviluppo personale. Incorporando i principi stoici dell'autoriflessione e della mindfulness, gli individui possono imparare a osservare e accettare questi aspetti ombra senza giudizio, ottenendo così un maggiore senso di autoconsapevolezza e accettazione.

Un altro vantaggio della fusione tra stoicismo e lavoro con le ombre è la coltivazione della resilienza emotiva. Lo stoicismo insegna ad affrontare le sfide della vita con compostezza e razionalità, mentre il Lavoro con le ombre permette di affrontare e superare le ferite emotive. Integrando questi approcci, le persone possono sviluppare la resilienza emotiva riconoscendo ed elaborando le emozioni difficili e rispondendo alle situazioni difficili con maggiore equilibrio emotivo ed equanimità. Questa integrazione può infine portare a una maggiore forza interiore e stabilità emotiva, anche di fronte alle avversità.

Inoltre, l'integrazione dello Stoicismo e del Lavoro con le ombre può contribuire a un profondo senso di serenità interiore e di appagamento. I principi stoici dell'accettazione e della gratitudine aiutano le persone a trovare appagamento nel momento presente, mentre il Lavoro con le ombre facilita la guarigione delle ferite del passato e il rilascio di schemi di pensiero e di comportamento non utili. Grazie a questa integrazione, gli individui possono coltivare un maggiore senso di pace e appagamento nella loro vita, affrontando le sfide della vita con accettazione ed equanimità.

Inoltre, l'integrazione dello Stoicismo e del Lavoro con le Ombre può favorire un modo di vivere più autentico e allineato. Scoprendo e integrando i propri aspetti ombra, gli individui possono allineare i loro pensieri, le loro emozioni e i loro comportamenti con i loro veri valori e il loro senso dello scopo. I principi stoici di vita virtuosa e di vita in accordo con i propri valori possono essere rafforzati attraverso il processo del Lavoro con le Ombre, dando luogo a uno stile di vita più autentico e gratificante.

Infine, l'integrazione dello Stoicismo e del Lavoro con le Ombre può facilitare un maggiore senso di empowerment e di crescita personale. Affrontando e integrando i propri aspetti ombra, gli individui possono recuperare il potere che può essere stato perso a causa di schemi e paure inconsci. Questo potere, combinato con la resilienza e la consapevolezza di sé coltivate attraverso le pratiche stoiche, può portare a una notevole crescita e trasformazione personale.

L'integrazione di Stoicismo e Lavoro con le ombre offre un'ampia gamma di benefici, tra cui una maggiore consapevolezza di sé, resilienza emotiva, pace interiore, autenticità ed empowerment. Combinando questi due potenti approcci, gli individui possono coltivare un modo di vivere più consapevole e appagante, libero dai vincoli delle paure e degli schemi inconsci.

METTERE IN PRATICA

(1) Praticare l'autoriflessione e la mindfulness per aumentare la consapevolezza di sé. Esempio: Dedicare ogni giorno un tempo

specifico per riflettere sui propri pensieri, emozioni e comportamenti senza giudicare. Osservate gli aspetti ombra che emergono e cercate di comprenderli senza attribuire etichette di giusto o sbagliato.

(2) Impegnarsi nel Lavoro con le Ombre per scoprire gli aspetti nascosti della propria personalità e superare le ferite emotive. Esempio: Iniziare una pratica di diario in cui esplorare le proprie paure, insicurezze ed emozioni irrisolte. Scrivete liberamente e onestamente, permettendovi di immergervi in profondità nel vostro subconscio e di esprimere qualsiasi emozione o esperienza repressa.

(3) Coltivare la resilienza emotiva praticando i principi stoici durante le situazioni difficili. Esempio: Di fronte a una situazione difficile, prendetevi un momento di pausa, osservate le vostre emozioni senza giudicare e rispondete con una mentalità calma e razionale. Concentratevi sull'accettazione della situazione e sulla ricerca di una soluzione piuttosto che farvi sopraffare dalle emozioni.

(4) Praticare l'accettazione e la gratitudine per trovare pace interiore e appagamento nel momento presente. Esempio: Ogni giorno, fate un elenco di tre cose per cui siete grati. Prendetevi qualche momento per riflettere su queste cose e allenatevi ad accettare il momento presente così com'è, senza cercare di cambiarlo o controllarlo.

(5) Allineare i pensieri, le emozioni e i comportamenti ai propri veri valori e al proprio scopo. Esempio: Identificate i vostri valori fondamentali e create una tavola di visione che li rappresenti. Utilizzate questo promemoria visivo per allineare le vostre azioni e decisioni quotidiane a questi valori, assicurandovi di vivere in modo autentico e in accordo con ciò che conta veramente per voi.

(6) Affrontare e integrare i propri aspetti ombra per recuperare il potere personale e favorire la crescita personale. Esempio: Cercare una terapia o una consulenza per elaborare i traumi del passato e gli schemi inconsci. Impegnarsi in attività che sfidino la propria zona di comfort e affrontino le paure, permettendo a se stessi di crescere e di entrare nel proprio potere personale.

(7) Combinare le pratiche stoiche con il Lavoro con le ombre per creare un modo di vivere più consapevole e appagante. Esempio: Dedicate del tempo ogni settimana per impegnarvi in esercizi di auto-riflessione e di Lavoro con le Ombre. Alternate la pratica dei

principi stoici con l'esplorazione dei vostri aspetti ombra, consentendo un percorso di crescita olistico che incorpora entrambe le filosofie.

Seguendo queste linee guida pratiche, potrete sfruttare i vantaggi dell'incorporazione dello Stoicismo e del Lavoro con le ombre nella vostra vita, con conseguente sviluppo personale, resilienza e un modo di vivere autentico.

1.5. COME QUESTO LIBRO PUÒ AIUTARVI A CRESCERE

Questo libro è stato meticolosamente realizzato con lo scopo di guidarvi in un viaggio trasformativo di crescita personale e di scoperta di voi stessi. Combinando l'antica saggezza dello stoicismo con il processo introspettivo del lavoro con le ombre, questo libro presenta un approccio unico per affrontare le sfide della vita e trovare la forza interiore. Se state cercando di acquisire una comprensione più profonda di voi stessi, di coltivare la resilienza o di trovare un maggiore senso di significato e di scopo, questo libro offre strumenti pratici e intuizioni preziose per sostenervi nel vostro percorso di crescita.

Uno dei modi principali in cui questo libro può facilitare la vostra crescita è fornire una comprensione completa di come lo stoicismo e il lavoro sull'ombra si intersecano. Esplorando i principi dello stoicismo e il concetto di ombra, svilupperete una maggiore

consapevolezza di come queste due filosofie possano completarsi a vicenda nel vostro percorso di crescita personale. Questa conoscenza fondamentale vi permetterà di navigare nelle complessità del vostro mondo interiore con chiarezza e intuizione, portandovi infine a un senso più profondo di autoconsapevolezza e intelligenza emotiva.

Inoltre, questo libro offre esercizi pratici e tecniche appositamente studiate per favorire la vostra crescita e incorporare queste filosofie nella vostra vita quotidiana. Dai suggerimenti per l'auto-riflessione alle pratiche di mindfulness, ogni capitolo presenta passi praticabili che potete attuare per approfondire la vostra comprensione dei principi stoici e del lavoro delle ombre. Impegnandovi in questi esercizi, avrete l'opportunità di applicare questi concetti in modo pratico, portando così a una trasformazione più profonda e duratura.

Inoltre, questo libro può aiutare la vostra crescita fornendo un quadro di sostegno e compassione per affrontare i vostri demoni interiori. Accogliendo gli aspetti ombra della vostra psiche e imparando a gestire le emozioni scomode, svilupperete una maggiore resilienza e forza interiore. Questo processo di integrazione dell'ombra, combinato con i principi stoici dell'accettazione e della virtù, vi permetterà di affrontare le vostre paure e i vostri limiti con coraggio e grazia, portandovi infine a una vita più autentica e soddisfacente.

Inoltre, questo libro può sostenere la vostra crescita offrendovi preziose intuizioni sulla natura delle sfide e delle battute d'arresto e su come affrontarle con stoica saggezza. Esplorando il concetto di controllo e coltivando la resilienza emotiva, sarete meglio preparati ad affrontare le avversità con un senso di calma e perseveranza. Questo approccio vi permetterà di trasformare il dolore in crescita e di sviluppare la resilienza mentale ed emotiva necessaria per superare gli ostacoli della vita con determinazione e grazia.

In sostanza, questo libro presenta un approccio olistico alla crescita personale, integrando la saggezza senza tempo dello stoicismo con le profonde intuizioni del lavoro sulle ombre. Fornendo una tabella di marcia per la scoperta di sé, la resilienza emotiva e la trasformazione interiore, questo libro è una risorsa preziosa per chiunque cerchi di coltivare uno stile di vita più significativo e consapevole. Grazie ai suoi esercizi pratici, alla guida compassionevole e alle profonde intuizioni, questo libro ha il potenziale per sostenervi in un potente viaggio di crescita e di scoperta di voi stessi.

METTERE IN PRATICA

(1) Esplorare i principi dello stoicismo e il concetto di ombra per comprendere più a fondo la loro intersezione e il modo in cui possono completarsi a vicenda nello sviluppo personale. Esempio: Leggere libri o partecipare a seminari sullo stoicismo e sul lavoro con l'ombra per conoscere meglio le loro filosofie e come possono essere applicate nella vita quotidiana. Riflettere sui principi stoici ed esplorare il concetto di ombra attraverso l'introspezione e il diario.

(2) Impegnarsi negli esercizi pratici e nelle tecniche fornite nel libro per integrare lo stoicismo e il lavoro con le ombre nella vita quotidiana. Esempio: Praticare i suggerimenti di autoriflessione e gli esercizi di mindfulness suggeriti nel libro per approfondire la comprensione e l'applicazione dei principi stoici e del lavoro sull'ombra. Mettete in pratica queste pratiche con costanza per sviluppare una maggiore autoconsapevolezza e intelligenza emotiva.

(3) Accogliere e gestire le emozioni scomode impegnandosi nel processo di integrazione delle ombre. Esempio: Di fronte a sentimenti di rabbia o paura, fermatevi e riconoscete la presenza di queste emozioni. Invece di evitarle o reprimerle, esploratene le cause e i fattori scatenanti. Utilizzate i principi stoici dell'accettazione e della virtù per affrontare e gestire queste emozioni con coraggio e grazia.

(4) Sviluppare la resilienza e la forza interiore per affrontare le sfide e le battute d'arresto con una mentalità stoica. Esempio: Coltivare la resilienza emotiva praticando la mindfulness ed esercizi di stoicismo, come concentrarsi su ciò che è sotto il proprio controllo e considerare le battute d'arresto come opportunità di crescita. Accogliere le sfide come prove di carattere e affrontarle con determinazione e serenità.

(5) Trasformare il dolore in crescita applicando la saggezza stoica per affrontare le avversità. Esempio: Quando vi trovate di fronte a una situazione difficile, ricordate a voi stessi il principio stoico di accettare ciò che non potete controllare e di concentrarvi su ciò che potete controllare. Incanalate le vostre energie per trovare soluzioni e mantenere una mentalità positiva. Sfruttate le battute d'arresto come

opportunità per imparare e crescere, diventando così mentalmente ed emotivamente più forti.

(6) Coltivare un modo di vivere significativo e consapevole integrando la saggezza dello stoicismo e del lavoro con le ombre. Esempio: Incorporare nella vita quotidiana principi stoici come l'accettazione, la virtù e la concentrazione sul momento presente. Impegnarsi in pratiche regolari di lavoro sull'ombra, come il diario e l'autoriflessione, per esplorare e integrare gli aspetti inconsci di sé. Allineare le azioni e le decisioni con i valori personali e cercare l'autenticità e la realizzazione.

2. Conoscere se stessi: Svelare l'ombra

2.1. RIFLESSIONE E CONSAPEVOLEZZA DI SÉ

L'autoriflessione e l'autoconsapevolezza svolgono un ruolo fondamentale nel lavoro sull'ombra e nello stoicismo. Quando ci prendiamo il tempo di guardarci dentro e di valutare onestamente i nostri pensieri, sentimenti e comportamenti, otteniamo una comprensione più profonda di noi stessi e dei nostri aspetti ombra. Questo processo ci aiuta a individuare schemi, fattori scatenanti e aree in cui possiamo crescere  personalmente, ponendo le basi per un'integrazione trasformativa e significativa della nostra ombra.

L'autoriflessione implica una pausa attiva per esaminare le nostre esperienze, azioni ed emozioni. Richiede di essere sinceri con noi stessi, di mettere in discussione le nostre motivazioni e di scavare nei significati più profondi dietro i nostri pensieri e comportamenti. Attraverso l'autoriflessione, iniziamo a dipanare gli strati della nostra psiche, a conoscere i nostri tratti ombra e a scoprire aspetti di noi stessi che forse abbiamo evitato o soppresso.

D'altra parte, l'autoconsapevolezza implica la presenza e la consapevolezza dei nostri pensieri, delle nostre emozioni e delle nostre tendenze quando si presentano nella nostra vita quotidiana. È la pratica dell'osservazione di noi stessi senza giudizio, che ci permette di riconoscere quando i nostri tratti ombra influenzano le nostre azioni e le nostre scelte. Coltivare l'autoconsapevolezza ci permette di intercettare e affrontare i nostri schemi ombra in tempo reale, impedendo loro di dettare inconsciamente il nostro comportamento e le nostre reazioni.

Combinando l'autoriflessione e l'autoconsapevolezza, possiamo avviare il processo di integrazione della nostra ombra e migliorare il nostro auto-miglioramento stoico. Queste pratiche fanno luce sulle profondità della nostra psiche, portando i nostri aspetti ombra alla consapevolezza. Armati di questa nuova consapevolezza, acquisiamo la conoscenza necessaria per prendere decisioni informate su come affrontare la nostra ombra, portando infine alla sua integrazione e a un'espressione più equilibrata e autentica di noi stessi.

A titolo esemplificativo, consideriamo l'esempio di una persona che ha problemi di rabbia. Attraverso l'auto-riflessione, questa persona può iniziare a riconoscere le cause di fondo della sua rabbia, come la paura, l'insicurezza o i traumi del passato. Questa nuova consapevolezza gli permette di cogliere il momento in cui la rabbia si manifesta, offrendogli l'opportunità di scegliere una risposta più stoica e costruttiva. Possono rendersi conto che la rabbia è una manifestazione della loro ombra e, riconoscendola e lavorandoci, possono iniziare a trasformarla in una fonte di forza e saggezza.

Inoltre, l'autoriflessione e l'autoconsapevolezza consentono agli individui di comprendere le cause profonde dei loro comportamenti e di fare scelte consapevoli che si allineano ai loro valori e alle loro virtù stoiche. Portando alla luce i propri tratti e schemi ombra, gli individui possono coltivare un maggiore senso di padronanza di sé e di resilienza emotiva, aprendo la strada a una vita più armoniosa e soddisfacente.

La combinazione di autoriflessione e autoconsapevolezza agisce come un potente catalizzatore per integrare la nostra ombra e favorire la crescita stoica. Praticando queste tecniche, gli individui possono acquisire una profonda comprensione di se stessi, identificare i propri aspetti ombra e compiere passi intenzionali verso l'integrazione. Questo viaggio permette di sviluppare un'intelligenza emotiva, una resilienza e un'autenticità maggiori, portando infine a una vita più soddisfacente e virtuosa.

METTERE IN PRATICA

(1) Praticare l'autoriflessione: Prendetevi del tempo ogni giorno per fare una pausa ed esaminare i vostri pensieri, le vostre azioni e le vostre emozioni. Chiedetevi perché vi sentite in un certo modo o perché avete reagito in un modo particolare. Questa pratica vi aiuterà a comprendere i vostri tratti ombra e a scoprire eventuali aspetti di voi stessi che state evitando o reprimendo. Esempio: Ogni sera, riservate 10 minuti per riflettere sulla vostra giornata. Chiedetevi perché vi siete sentiti arrabbiati durante una particolare interazione ed esplorate le cause sottostanti, come la paura o l'insicurezza. Questa riflessione vi permetterà di diventare più consapevoli della vostra ombra e di fare scelte consapevoli in situazioni simili in futuro.

(2) Coltivare la consapevolezza: Siate consapevoli e presenti nella vostra vita quotidiana, osservando i vostri pensieri, le vostre emozioni e le vostre tendenze quando si presentano. Praticate il non giudizio e l'accettazione di voi stessi, in modo da riconoscere quando i vostri tratti ombra influenzano le vostre azioni e le vostre scelte. Esempio: Durante la giornata, sforzatevi di essere consapevoli dei vostri pensieri e delle vostre emozioni. Notate quando sorgono sentimenti di gelosia e osservate come questi influenzano il vostro comportamento. Essendo consapevoli di questi schemi, potete scegliere di reagire in modo diverso e impedire che i vostri tratti ombra dettino le vostre azioni.

(3) Identificare i fattori scatenanti e gli schemi: Prestate attenzione alle situazioni o agli eventi ricorrenti che sembrano far emergere i vostri aspetti ombra. Riconoscete i fattori scatenanti che portano a determinati pensieri, emozioni o comportamenti ed esplorate i modi per affrontarli e trasformarli. Esempio: Notate quando tendete a sentirvi sulla difensiva o insicuri. Identificate le situazioni specifiche o i fattori scatenanti che portano a questi sentimenti, come ricevere critiche o essere paragonati agli altri. Una volta identificati questi

fattori scatenanti, si può lavorare allo sviluppo di strategie per rispondere in modo più stoico e costruttivo.

(4) Compiere passi intenzionali verso l'integrazione: Una volta acquisita la consapevolezza dei vostri aspetti ombra e identificati i fattori scatenanti, lavorate attivamente per integrarli nella vostra vita. Ciò comporta la scelta consapevole di come rispondere alle situazioni e l'utilizzo della nuova consapevolezza per prendere decisioni informate e in linea con i propri valori. Esempio: Invece di reprimere la rabbia o lasciare che controlli le vostre azioni, scegliete di riconoscerla e di lavorare con essa. Riconoscete che la rabbia può essere una fonte preziosa di informazioni e usatela come opportunità di crescita e miglioramento personale. Integrando la rabbia in modo stoico e costruttivo, potete trasformarla in una fonte di forza e saggezza.

(5) Sviluppare la resilienza emotiva e la padronanza di sé: Attraverso la pratica dell'autoriflessione e della consapevolezza, potete coltivare una maggiore intelligenza emotiva e una maggiore resilienza. Comprendendo le cause profonde dei vostri comportamenti e facendo scelte consapevoli, potete allineare le vostre azioni ai vostri valori e alle vostre virtù stoiche. Esempio: Quando vi trovate di fronte a una situazione difficile, prendetevi un momento per riflettere sulle vostre emozioni e sulle motivazioni sottostanti prima di rispondere. Scegliete di rispondere in un modo che sia in linea con i vostri valori stoici, ad esempio praticando la pazienza o il perdono. Questa pratica intenzionale vi aiuterà a sviluppare la resilienza emotiva e a migliorare il senso di padronanza di voi stessi.

(6) Sforzatevi di raggiungere l'autenticità e la realizzazione: L'obiettivo finale dell'integrazione dell'ombra e della crescita stoica è vivere una vita più armoniosa e soddisfacente. Abbracciate i vostri aspetti ombra come parte della vostra autentica espressione di sé e fate scelte che siano in linea con i vostri veri valori e virtù. Esempio: Riflettere su ciò che vi dà veramente gioia e appagamento nella vita, indipendentemente dalle aspettative della società o dalle influenze esterne. Allineate le vostre azioni e decisioni con il vostro io autentico, anche se ciò significa andare contro le norme della società.

Vivendo in modo autentico, si può coltivare un senso di appagamento e vivere una vita più virtuosa.

2.2. IDENTIFICARE I TRATTI E I MODELLI DELL'OMBRA

La comprensione dei tratti e degli schemi dell'ombra riveste un'importanza immensa quando ci si addentra nel mondo del lavoro con l'ombra. Ci permette di comprendere a fondo i nostri comportamenti e schemi di pensiero subconsci. In questo viaggio, spesso ci confrontiamo con aspetti di noi stessi che abbiamo represso o negato, e questi tratti e schemi ombra possono manifestarsi in molti modi nella nostra vita.

Il passo iniziale per identificare questi tratti e schemi ombra è coltivare l'autoriflessione e la consapevolezza. Si tratta di dedicare del tempo a osservare i nostri pensieri, le nostre emozioni e le nostre reazioni senza esprimere giudizi. Attraverso la pratica della consapevolezza, possiamo iniziare a riconoscere i modelli comportamentali e le reazioni emotive ricorrenti che possono derivare dai nostri aspetti ombra. Sviluppando questo livello accresciuto di autoconsapevolezza, possiamo scoprire le motivazioni e le convinzioni alla base delle nostre azioni.

Una volta raggiunto un senso di auto-riflessione e di consapevolezza, possiamo procedere all'identificazione di specifici tratti e schemi ombra che influenzano notevolmente il nostro comportamento. Questi tratti possono includere qualità come l'invidia, l'avidità, la rabbia o l'egoismo, così come paure e insicurezze profonde. Esaminando onestamente e apertamente questi tratti, possiamo iniziare a capire come si manifestano nella nostra vita quotidiana e nelle nostre relazioni.

È fondamentale accogliere le emozioni scomode che possono emergere quando identifichiamo i nostri tratti e modelli ombra. Spesso queste emozioni sono state represse per molto tempo, rendendo difficile riconoscerle. Tuttavia, affrontando di petto queste emozioni, possiamo iniziare a smantellare il potere che i nostri tratti ombra hanno su di noi. Questo processo ci garantisce la libertà emotiva e ci apre strade per la crescita e la trasformazione personale.

Oltre a riconoscere i tratti ombra individuali, dovremmo anche prestare attenzione ai modelli di comportamento ricorrenti nella nostra vita. Questi schemi possono manifestarsi in vari contesti, come le relazioni, la carriera o gli obiettivi personali. Riconoscendo questi schemi, possiamo capire in che modo i nostri aspetti ombra influenzano il nostro processo decisionale e le nostre risposte alle diverse situazioni.

Per esempio, se ci troviamo costantemente in relazioni tossiche, può essere necessario esplorare le convinzioni e le paure sottostanti che attraggono queste dinamiche nella nostra vita. Identificando e comprendendo questi schemi, possiamo lavorare per interrompere il ciclo e coltivare relazioni più sane e soddisfacenti.

Inoltre, l'identificazione dei tratti e degli schemi ombra non serve solo a far luce sugli aspetti negativi di noi stessi. È anche un'opportunità per riconoscere talenti, desideri e aspirazioni nascosti che possono essere stati soppressi. Riconoscendo questi aspetti, possiamo abbracciare il nostro pieno potenziale e vivere una vita più autentica e piena di obiettivi.

Il processo di identificazione dei tratti e degli schemi ombra svolge un ruolo fondamentale nel percorso del lavoro con l'ombra. Alimentando l'autoriflessione e la consapevolezza, accogliendo le emozioni scomode e riconoscendo i modelli di comportamento ricorrenti, possiamo acquisire una comprensione più profonda dell'influenza che i nostri aspetti ombra esercitano su di noi. Questa maggiore consapevolezza pone le basi per la crescita e la trasformazione personale, permettendoci di muoverci verso un'esistenza più integrata e appagante.

METTERE IN PRATICA

(1) Sviluppare l'autoriflessione e la consapevolezza attraverso le pratiche di mindfulness. Esempio: Dedicate 10 minuti al giorno alla meditazione mindfulness. Osservate i vostri pensieri, emozioni e reazioni senza giudicare. Notate eventuali modelli ricorrenti di comportamento o reazioni emotive che possono derivare dai vostri aspetti ombra. Questa pratica vi aiuterà a sviluppare un livello più elevato di autoconsapevolezza e a scoprire le motivazioni e le convinzioni di fondo che guidano le vostre azioni.

(2) Identificate i tratti e i modelli ombra specifici che influenzano il vostro comportamento. Esempio: Fate un elenco di qualità o comportamenti che avete notato in voi stessi, come l'invidia, l'avidità, la rabbia o l'egoismo. Riflettete su come questi tratti si manifestano nella vostra vita quotidiana e nelle vostre relazioni. Siate onesti e aperti con voi stessi nell'esaminare questi tratti, con l'obiettivo di capire come influenzano le vostre azioni.

(3) Accogliete le emozioni scomode che sorgono quando identificate i vostri tratti e schemi ombra. Esempio: Quando provate emozioni spiacevoli, invece di evitarle o reprimerle, permettete a voi stessi di sperimentarle pienamente. Sedetevi con il disagio ed esplorate le ragioni sottostanti a queste emozioni. Affrontandole di petto, potete iniziare a smantellare il potere che i vostri tratti ombra hanno su di voi e sperimentare una maggiore libertà emotiva e crescita personale.

(4) Prestate attenzione agli schemi di comportamento ricorrenti in diverse aree della vostra vita. Esempio: Riflettete sui modelli ricorrenti nelle vostre relazioni, nella carriera o negli obiettivi personali. Notate se emergono temi o dinamiche comuni. Per esempio, se attirate costantemente relazioni tossiche, esplorate le convinzioni e le paure sottostanti che contribuiscono a questo schema. Identificando e comprendendo questi schemi, potete lavorare attivamente per interrompere il ciclo e creare esperienze più sane e soddisfacenti.

(5) Riconoscere e abbracciare talenti, desideri e aspirazioni nascosti che possono essere stati repressi. Esempio: Prendetevi del tempo per riflettere su talenti, desideri o aspirazioni che avete soppresso o ignorato. Considerate come questi aspetti nascosti di voi stessi

possano contribuire a vivere una vita più autentica e piena di obiettivi. Abbracciate questi talenti o esplorate le possibilità di perseguire i vostri desideri e aspirazioni, permettendovi di esprimere pienamente il vostro potenziale.

(6) Utilizzare il processo di identificazione dei tratti e dei modelli ombra come opportunità di crescita e trasformazione personale. Esempio: Considerate il viaggio del lavoro con l'ombra come un'opportunità per crescere e trasformarsi come individuo. Accettate le sfide e i disagi che possono sorgere durante questo processo, sapendo che è attraverso questa autoesplorazione che potete muovervi verso un'esistenza più integrata e soddisfacente. Cercate continuamente opportunità di auto-riflessione, consapevolezza e crescita personale mentre percorrete il vostro viaggio nel lavoro con l'ombra.

2.3. ACCOGLIERE LE EMOZIONI SCOMODE

Accogliere le emozioni difficili è una componente essenziale del lavoro con le ombre e dello stoicismo. Nella società odierna, spesso si tende a evitare o a reprimere le emozioni considerate negative o spiacevoli, come la paura, la rabbia o la tristezza. Lo stoicismo, tuttavia, ci insegna che queste emozioni sono una parte naturale dell'essere umano e che, accogliendole, possiamo acquisire preziose conoscenze e diventare individui più forti.

Quando evitiamo le emozioni spiacevoli, stiamo essenzialmente ignorando importanti segnali provenienti dalla nostra psiche. Queste emozioni spesso nascono come risposta a una minaccia o a una sfida percepita e, riconoscendole e accogliendole, possiamo sviluppare una comprensione più profonda di noi stessi e dei nostri veri bisogni. Per esempio, provare paura può indicare che stiamo affrontando una situazione che richiede coraggio e resilienza, mentre provare rabbia può segnalare che i nostri confini sono stati violati.

Nel campo del lavoro sull'ombra, le emozioni spiacevoli sono spesso legate ad aspetti di noi stessi che preferiremmo tenere nascosti o negare. Accogliendo queste emozioni, possiamo far luce sugli aspetti oscuri della nostra personalità e iniziare il processo di integrazione nella nostra consapevolezza. Questo può portare a un senso di sé più armonioso e autentico.

La pratica dei principi stoici ci permette di affrontare le emozioni scomode con saggezza e coraggio. Riconoscendo l'impermanenza di queste emozioni, possiamo imparare a osservarle senza sentirci sopraffatti o reagire impulsivamente. Questo ci permette di rispondere alle nostre emozioni da un luogo di forza interiore e di resilienza, invece di essere controllati da esse.

Una tecnica pratica per accogliere le emozioni scomode è la mindfulness. La mindfulness consiste nel coltivare la consapevolezza dei nostri pensieri, emozioni e sensazioni fisiche senza giudizio. Praticando la consapevolezza delle nostre emozioni spiacevoli, possiamo creare un senso di spazio intorno a esse, che ci permette di osservarle con curiosità e compassione. Questo può aiutarci a favorire un rapporto più equilibrato con le nostre emozioni, anziché lasciarci travolgere da esse.

Un altro aspetto importante per accogliere le emozioni spiacevoli è la pratica dell'autocompassione. L'autocompassione consiste nel trattare noi stessi con la stessa gentilezza e comprensione che offriremmo a un caro amico nei momenti di sofferenza. Quando riusciamo ad affrontare il nostro disagio con autocompassione, possiamo iniziare a guarire le parti ferite di noi stessi e ad abbracciare la nostra ombra con amore e accettazione.

Accogliere le emozioni scomode è una parte fondamentale della filosofia stoica e del lavoro con le ombre. Affrontando queste emozioni con consapevolezza, coraggio e autocompassione, possiamo imparare lezioni preziose su noi stessi e integrare i nostri aspetti oscuri nella nostra consapevolezza. Questo processo può portare a un maggiore senso di autenticità, resilienza e pace interiore.

METTERE IN PRATICA

(1) Praticare la consapevolezza per accogliere le emozioni scomode: Coltivando la consapevolezza dei nostri pensieri, emozioni e sensazioni corporee senza giudizio, possiamo creare un senso di spazio intorno alle emozioni scomode. Ad esempio, quando si prova paura, una persona può praticare la mindfulness riconoscendo la paura, osservando le sensazioni fisiche ad essa associate e accettandola senza giudizio. Questo permette di sviluppare un rapporto più equilibrato e compassionevole con le proprie emozioni.

(2) Applicare i principi stoici per affrontare le emozioni scomode: Riconoscendo l'impermanenza di queste emozioni, gli individui possono imparare a osservarle senza essere sopraffatti o reattivi. Per esempio, quando si prova rabbia, si può ricordare a se stessi che la rabbia è temporanea e, invece di reagire impulsivamente, si può rispondere all'emozione con saggezza e resilienza.

(3) Coltivare l'autocompassione quando si affrontano emozioni spiacevoli: Trattare se stessi con gentilezza e comprensione nei momenti di sofferenza è un aspetto essenziale dell'autocompassione. Per esempio, quando si prova tristezza, si possono offrire parole di conforto e ricordare a se stessi che è naturale provare tristezza. Questa pratica aiuta a guarire le parti ferite di sé e ad abbracciare gli aspetti ombra con amore e accettazione.

(4) Integrare le emozioni scomode nella consapevolezza per la crescita personale: Accogliendo le emozioni scomode, gli individui possono acquisire una comprensione più profonda di se stessi e dei propri bisogni. Ad esempio, quando provano paura, possono riconoscerla come un'opportunità per sviluppare coraggio e resilienza. Questo processo di integrazione delle emozioni scomode consente una crescita personale che porta a un maggiore senso di autenticità e pace interiore. Esempio di applicazione dell'item:

(5) Quando si affronta la paura, la pratica della mindfulness può comportare il riconoscimento della paura, l'osservazione del battito cardiaco accelerato e del respiro corto e l'accettazione della paura senza giudizio. Creando uno spazio intorno alla paura attraverso la

mindfulness, gli individui possono affrontare la situazione con chiarezza e prendere decisioni da un luogo di forza interiore e di resilienza.

(6) Quando si prova rabbia, l'applicazione dei principi stoici può comportare il ricordare a se stessi che la rabbia è temporanea e non definisce la situazione o il sé. Osservando la rabbia senza diventare reattivi, gli individui possono rispondere all'emozione con saggezza e coraggio, affrontando il problema di fondo con calma e in modo costruttivo.

(7) Di fronte alla tristezza, coltivare l'autocompassione può comportare l'offerta di parole di conforto e il riconoscimento che la tristezza è una parte normale dell'esperienza umana. Trattando se stessi con gentilezza e comprensione, gli individui possono iniziare a guarire le parti ferite di se stessi e ad abbracciare le proprie emozioni con amore e accettazione.

(8) Quando si provano emozioni scomode, integrarle nella consapevolezza per la crescita personale può comportare la riflessione sui messaggi e gli insegnamenti sottostanti che queste emozioni trasmettono. Accogliendo il disagio ed esplorando il suo significato più profondo, gli individui possono imparare di più su se stessi, sui loro bisogni e sulle loro aree di sviluppo personale.

2.4. ACCETTARE LE PROPRIE IMPERFEZIONI

L'accettazione delle imperfezioni è fondamentale sia nello stoicismo che nel lavoro con le ombre. Nello stoicismo, l'accettazione delle imperfezioni è strettamente legata alla virtù dell'umiltà, che incoraggia gli individui a riconoscere i propri limiti e ad abbracciare la propria umanità. Allo stesso modo, nel lavoro con le ombre, l'accettazione delle imperfezioni implica il confronto con gli aspetti di noi stessi che possiamo aver soppresso o negato per vergogna o paura.

Un approccio per accettare le imperfezioni è l'autocompassione. Ciò significa trattare noi stessi con la stessa gentilezza e comprensione che offriremmo a un caro amico. Riconoscendo che le imperfezioni sono una parte naturale dell'essere umano, possiamo sviluppare un atteggiamento più compassionevole e gentile verso noi stessi. Ciò può contribuire ad alleviare il tumulto interiore che spesso deriva da sentimenti di inadeguatezza o autocritica, permettendoci di accogliere più facilmente le nostre imperfezioni.

Un altro aspetto importante dell'accettazione delle imperfezioni è la loro trasformazione in opportunità di crescita e di apprendimento. Invece di vedere le imperfezioni come difetti da nascondere o da correggere, possiamo coltivare una mentalità che le consideri come esperienze preziose che contribuiscono allo sviluppo personale. Riformulando le imperfezioni in questo modo, possiamo coltivare la resilienza e l'adattabilità, rendendo più facile affrontare le sfide della vita.

Inoltre, l'integrazione dei principi stoici può aiutarci ad accettare le nostre imperfezioni con grazia ed equanimità. Il concetto di amor fati, o amore per il destino, ci incoraggia ad accogliere tutti gli aspetti della nostra vita, comprese le imperfezioni, come componenti essenziali del nostro viaggio unico. Adottando questa mentalità, possiamo coltivare la gratitudine per l'intera gamma delle nostre esperienze, riconoscendo che anche le nostre imperfezioni contribuiscono alla ricchezza e alla profondità della nostra vita.

Inoltre, la pratica della consapevolezza gioca un ruolo fondamentale nell'accettazione delle imperfezioni. Coltivando la consapevolezza del momento presente, possiamo osservare le nostre imperfezioni senza giudizio o attaccamento, permettendoci di sviluppare una prospettiva più distaccata e obiettiva. Questo ci aiuta a staccarci dal carico emotivo spesso associato alle imperfezioni, permettendoci di accoglierle con chiarezza e consapevolezza di noi stessi.

È importante notare che accettare le imperfezioni non significa essere compiacenti o rassegnati. Si tratta invece di una scelta proattiva e consapevole di riconoscere e integrare tutti gli aspetti di noi stessi, imperfezioni comprese, per vivere una vita più autentica e soddisfacente. Accogliendo le imperfezioni, possiamo coltivare un senso di interezza e di accettazione di noi stessi, che ci permette di affrontare le sfide della vita con resilienza e forza interiore.

L'accettazione delle imperfezioni è essenziale sia nello stoicismo che nel lavoro con le ombre. Coltivando l'autocompassione, inquadrando le imperfezioni come opportunità di crescita, integrando i principi stoici e praticando la mindfulness, possiamo abbracciare le nostre imperfezioni con grazia ed equanimità. Questo processo di accettazione porta a una maggiore autocompassione, resilienza e autenticità, favorendo una vita più equilibrata e soddisfacente.

METTERE IN PRATICA

(1) Coltivate l'autocompassione trattandovi con gentilezza e comprensione, come fareste con un caro amico. Ad esempio, se commettete un errore al lavoro, invece di rimproverarvi, riconoscete che gli errori capitano e offritevi parole di incoraggiamento e sostegno.

(2) Riformulare le imperfezioni come opportunità di crescita e di apprendimento. Invece di considerare le imperfezioni come difetti da correggere, consideratele come esperienze preziose che contribuiscono allo sviluppo personale. Per esempio, se avete difficoltà a parlare in pubblico, considerate ogni occasione di parlare di fronte ad altri come un'opportunità per migliorare le vostre capacità di comunicazione e acquisire sicurezza.

(3) Integrate i principi stoici come l'amor fati, che incoraggia ad accogliere tutti gli aspetti della vostra vita, comprese le imperfezioni, come componenti essenziali del vostro percorso unico. Per esempio, se avete una cicatrice fisica che vi fa sentire a disagio, abbracciatela come parte della vostra storia e simbolo di resilienza.

(4) Praticate la consapevolezza per osservare le vostre imperfezioni senza giudizio o attaccamento. Coltivando la consapevolezza del momento presente, è possibile sviluppare una prospettiva più distaccata e obiettiva nei confronti delle proprie imperfezioni. Per esempio, se lottate con problemi di immagine corporea, esercitatevi

a osservare i pensieri e i sentimenti che provate per il vostro corpo senza attribuirvi giudizi negativi.

(5) Accettare le imperfezioni è una scelta proattiva per vivere una vita più autentica e soddisfacente. Accettare non significa compiacersi o rassegnarsi, ma piuttosto decidere di integrare tutti gli aspetti di sé. Ad esempio, se avete la tendenza a procrastinare, accettatela come parte di voi stessi e cercate strategie per gestirla in modo efficace.

Grazie all'attuazione di queste misure pratiche, avete il potere di nutrire l'autocompassione, di accettare le imperfezioni e di condurre un'esistenza più armoniosa e soddisfacente.

2.5. IL POTERE DELLA VULNERABILITÀ

Quando si parla di lavoro con le ombre e di stoicismo, un aspetto che riveste una profonda importanza è l'incredibile potere della vulnerabilità. Spesso vista come una debolezza, la vulnerabilità è in realtà un'enorme fonte di forza e autenticità. Permettendoci di essere vulnerabili, possiamo approfondire la connessione con noi stessi e con gli altri e sviluppare il coraggio di affrontare i nostri aspetti ombra con onestà e compassione.

La vulnerabilità inizia con l'autoriflessione e la consapevolezza. Richiede di esaminare onestamente le nostre paure, le insicurezze e le parti di noi stessi che di solito nascondiamo o reprimiamo. Questa autoconsapevolezza ci permette di riconoscere e abbracciare i nostri tratti e modelli ombra, costituendo una base per la crescita e lo sviluppo personale. Affrontando le nostre vulnerabilità, possiamo ottenere una migliore comprensione di noi stessi e riconoscerle come parte naturale dell'esperienza umana.

Inoltre, abbracciare la vulnerabilità significa accettare le nostre imperfezioni. Da un punto di vista stoico, ciò significa riconoscere che non siamo immuni da fallimenti, errori o dalle complessità dell'essere umano. Riconoscendo e accettando le nostre imperfezioni, possiamo abbandonare il bisogno costante di controllare e reprimere le nostre emozioni, portando a un'esperienza di vita più genuina e aperta.

Il potere della vulnerabilità risiede anche nella sua capacità di favorire connessioni genuine con gli altri. Quando siamo disposti a rivelare il nostro vero io, con tutti i suoi difetti, creiamo un ambiente di fiducia ed empatia. Questa apertura incoraggia gli altri a fare lo stesso, dando vita a relazioni più profonde e significative. Nel nostro percorso di integrazione degli aspetti ombra, queste connessioni con gli altri possono fornire un sostegno e una comprensione inestimabili.

Inoltre, la vulnerabilità ci permette di coltivare l'empatia e la compassione, sia per noi stessi che per gli altri. Riconoscendo le nostre lotte e le nostre sfide, diventiamo più empatici nei confronti delle esperienze di chi ci circonda. Questo approccio compassionevole alla vulnerabilità può aiutarci a superare le situazioni difficili con un maggior senso di comprensione e resilienza.

Nel contesto dello stoicismo, la vulnerabilità non significa indulgere nell'autocommiserazione o mostrare debolezza. Si tratta invece di riconoscere la nostra umanità e di abbracciare l'intera gamma delle nostre emozioni. Permettendoci di essere vulnerabili, possiamo sviluppare la resilienza emotiva necessaria per affrontare le avversità con coraggio e grazia.

In definitiva, il potere della vulnerabilità risiede nella sua capacità di favorire la crescita, la resilienza e l'autenticità. Abbracciando le nostre vulnerabilità, ci apriamo a nuove possibilità ed esperienze, permettendoci di condurre una vita più autentica e propositiva. Nell'integrazione degli aspetti ombra, la vulnerabilità diventa uno strumento di scoperta e trasformazione di sé, che porta a una comprensione più profonda di noi stessi e del mondo che ci circonda.

Il potere della vulnerabilità è una componente vitale sia del lavoro con le ombre sia dello stoicismo. Abbracciando la vulnerabilità, possiamo coltivare la consapevolezza di noi stessi, le connessioni genuine con gli altri e un maggiore senso di empatia e compassione. È attraverso la vulnerabilità che possiamo mostrarci veramente come noi stessi autentici, portando a un'esistenza più soddisfacente e significativa.

METTERE IN PRATICA

(1) Praticare l'autoriflessione e la consapevolezza per riconoscere e abbracciare le nostre paure, insicurezze e aspetti ombra. Ad esempio, dedicare ogni giorno del tempo all'auto-riflessione e al diario per esplorare e comprendere le proprie vulnerabilità e sviluppare una comprensione più profonda di se stessi.

(2) Accettare e abbracciare le imperfezioni, riconoscendo che il fallimento e gli errori sono una parte naturale dell'esperienza umana. Ad esempio, sfidate il bisogno di perfezione permettendovi intenzionalmente di commettere errori e praticate l'autocompassione di fronte alle imperfezioni.

(3) Mostratevi autentici e abbracciate la vulnerabilità nelle relazioni, creando un ambiente di fiducia ed empatia. Ad esempio, condividete apertamente le vostre difficoltà e insicurezze con un amico o un partner fidato, permettendo loro di fare lo stesso, e approfondite la connessione e la comprensione tra entrambe le parti.

(4) Coltivare l'empatia e la compassione attraverso la vulnerabilità, riconoscendo le nostre lotte e sfide. Ad esempio, quando si assiste alla vulnerabilità di un'altra persona, bisogna resistere all'impulso di giudicare o di dare consigli, offrendo invece ascolto e convalida, per far sì che si senta compresa e sostenuta.

(5) Sviluppare la resilienza emotiva permettendoci di essere vulnerabili e di abbracciare l'intera gamma delle nostre emozioni. Per esempio, esercitiamoci a sederci con le emozioni scomode e a permetterci di sperimentarle ed elaborarle pienamente, anziché reprimerle o evitarle.

(6) Usare la vulnerabilità come strumento di auto-scoperta e trasformazione, che porta a una comprensione più profonda di noi stessi e del mondo che ci circonda. Ad esempio, cercate opportunità di crescita personale e di autoesplorazione, come la partecipazione a seminari o sessioni di terapia che incoraggiano la vulnerabilità e l'introspezione.

(7) Abbracciate la vulnerabilità come fonte di forza e di autenticità, permettendovi di vivere una vita più soddisfacente e ricca di obiettivi.

Ad esempio, individuate le aree della vostra vita in cui state censurando o nascondendo il vostro vero io e prendete provvedimenti per esprimervi in modo autentico, sia attraverso l'espressione artistica, sia condividendo i vostri pensieri e le vostre opinioni, sia perseguendo le vostre passioni.

(8) Praticare l'autoriflessione e la consapevolezza per riconoscere e abbracciare le nostre paure, insicurezze e aspetti ombra. Esempio: Dedicate 10 minuti al giorno all'autoriflessione e al diario. Durante questo tempo, riflettete su eventuali paure, insicurezze o aspetti ombra che sono emersi nella vostra vita. Scriveteli ed esplorate il motivo della loro presenza e il modo in cui vi influenzano. Praticando questa pratica quotidiana, potrete acquisire una comprensione più profonda di voi stessi e iniziare ad accogliere questi aspetti come parti importanti del vostro percorso di crescita personale.

3. Abbracciare la virtù: i principi stoici nella vita quotidiana

3.1. COLTIVARE SAGGEZZA, CORAGGIO, GIUSTIZIA E TEMPERANZA

Coltivare saggezza, coraggio, giustizia e temperanza è fondamentale per la filosofia stoica ed è essenziale per condurre una vita virtuosa. Queste virtù non solo guidano le nostre azioni e decisioni, ma formano anche il nostro carattere e la nostra bussola morale. Nel mondo di oggi, in rapida evoluzione, può essere difficile incarnare queste virtù, ma applicando i principi dello stoicismo e impegnandoci nel lavoro con le ombre, possiamo sforzarci di integrarle nella nostra vita quotidiana.

La saggezza è il fondamento di tutte le virtù e dovrebbe essere la prima su cui concentrarsi. Comporta la ricerca della conoscenza, la comprensione e l'applicazione di intuizioni pratiche per affrontare le complessità della vita. La saggezza richiede di analizzare criticamente le situazioni, di considerare diverse prospettive e di prendere decisioni ponderate. La saggezza si può coltivare praticando l'autoriflessione, l'introspezione e imparando dai nostri successi e dai nostri fallimenti. Il lavoro sulle ombre ci aiuta a scoprire i nostri pregiudizi, i punti ciechi e le convinzioni limitanti che ostacolano la nostra capacità di vedere la verità. Riconoscendo e integrando questi aspetti ombra, possiamo approfondire la nostra saggezza e ottenere chiarezza nei nostri pensieri e nelle nostre azioni.

Il coraggio è un'altra virtù essenziale che ci permette di affrontare le nostre paure, di rischiare e di difendere ciò che è giusto. Non si tratta di essere impavidi, ma piuttosto di agire nonostante la paura. Il lavoro con le ombre ci permette di esplorare le paure e le insicurezze che ci frenano, dandoci l'opportunità di affrontarle e trascenderle. Riconoscendo i nostri aspetti ombra di paura e insicurezza, possiamo coltivare il coraggio di agire con integrità e determinazione, anche di fronte alle avversità.

La giustizia è una virtù che ci guida a essere giusti, onesti e altruisti nelle nostre interazioni con gli altri. Implica trattare gli altri con rispetto, empatia e compassione, sostenendo al contempo i principi di equità e uguaglianza. Il lavoro con le ombre ci aiuta a scoprire eventuali pregiudizi, preconcetti o tendenze all'ingiustizia che possono esistere in noi. Integrando e affrontando questi aspetti dell'ombra, possiamo coltivare un senso più profondo di giustizia e integrità nelle nostre relazioni e azioni verso gli altri.

La temperanza completa il ciclo virtuoso per quanto riguarda l'autocontrollo, la moderazione e l'equilibrio. Implica il contenimento degli impulsi, la gestione dei desideri e la ricerca dell'armonia nelle emozioni e nei comportamenti. Attraverso il lavoro con le ombre, possiamo esplorare gli aspetti ombra dell'eccesso, dell'impulsività e dello squilibrio in noi stessi. Riconoscendo e integrando questi aspetti ombra, possiamo coltivare una maggiore consapevolezza di noi stessi, moderazione ed equanimità nelle nostre azioni e scelte.

In sintesi, la coltivazione della saggezza, del coraggio, della giustizia e della temperanza è un viaggio continuo che richiede autoconsapevolezza, introspezione e la volontà di confrontarsi con i propri aspetti ombra. Integrando i principi dello stoicismo e impegnandoci nel lavoro sull'ombra, possiamo sforzarci di incarnare queste virtù nella nostra vita quotidiana, favorendo la crescita personale, la resilienza e l'integrità morale. Il cammino verso la virtù non è privo di sfide, ma le ricompense di una vita allineata con queste virtù sono incommensurabili.

METTERE IN PRATICA

(1) Cercare la conoscenza, la comprensione e l'intuizione pratica per affrontare le complessità della vita. Esempio: Dedicate del tempo alla lettura di libri, alla partecipazione a seminari e a discussioni per ampliare le vostre conoscenze e acquisire una comprensione più profonda di vari argomenti. Applicare queste conoscenze in modo pratico, cercando attivamente opportunità per applicare ciò che si è appreso nella vita quotidiana, che si tratti di risolvere problemi, prendere decisioni o crescere personalmente.

(2) Impegnarsi nell'autoriflessione e nell'introspezione per scoprire pregiudizi, punti ciechi e convinzioni limitanti. Esempio: Dedicate ogni giorno del tempo all'autoriflessione e all'introspezione, attraverso il diario, la meditazione o semplicemente la contemplazione silenziosa. Durante questo tempo, riflettete sui vostri pensieri, sulle vostre azioni e sulle vostre convinzioni e identificate eventuali pregiudizi o convinzioni limitanti che potrebbero ostacolare la vostra crescita personale o impedirvi di vedere la verità. Una volta identificati, lavorate attivamente per riconoscere e rilasciare questi pregiudizi o convinzioni.

(3) Affrontare e superare paure e insicurezze per coltivare il coraggio. Esempio: Identificate le paure o le insicurezze specifiche che vi impediscono di correre rischi o di difendere ciò in cui credete. Sviluppate un piano per affrontare di petto queste paure e fate piccoli passi per superarle. Cercate il sostegno di amici fidati, familiari o di un coach che vi aiuti a superare questo processo e a sviluppare il vostro coraggio.

(4) Trattare gli altri con rispetto, empatia e compassione, sostenendo i principi di equità e uguaglianza. Esempio: Praticare l'ascolto attivo e cercare di capire i punti di vista e le esperienze degli altri. Mostrare empatia e compassione verso gli altri, anche in situazioni difficili.

Lavorare attivamente per riconoscere eventuali pregiudizi o preconcetti nei confronti di determinati individui o gruppi e sforzarsi consapevolmente di trattare tutti con equità e uguaglianza.

(5) Praticate l'autocontrollo, la moderazione e l'equilibrio nelle vostre azioni e nei vostri comportamenti. Esempio: Identificate le aree della vostra vita in cui potete avere difficoltà a controllare gli impulsi o a indulgere in comportamenti eccessivi. Sviluppare strategie per gestire questi impulsi e trovare un equilibrio più sano. Ciò potrebbe comportare la definizione di limiti, la creazione di routine quotidiane o la ricerca di un supporto da parte di un coach o di un terapeuta che vi aiuti a mantenere la responsabilità e a superare le sfide.

Seguendo queste misure pratiche, è possibile incorporare i principi dello stoicismo e del lavoro con le ombre nella vita di tutti i giorni, con conseguente sviluppo personale, forza interiore e condotta etica.

3.2. APPLICARE LE VIRTÙ STOICHE ALLE SFIDE MODERNE

Nel mondo attuale, spesso disordinato, navigare nella vita quotidiana può essere difficile. Tuttavia, utilizzando le virtù stoiche, possiamo coltivare un senso di calma, resilienza e scopo che ci permette di prosperare di fronte alle avversità.

Una virtù stoica fondamentale è la saggezza, che implica la formulazione di giudizi validi e l'agire in base a ciò che conta veramente. Nel contesto delle sfide moderne, la saggezza ci aiuta a discernere ciò che è importante in mezzo al rumore della vita quotidiana. Ciò significa prendere decisioni ponderate sulle nostre priorità, sulle relazioni e su come impiegare il nostro tempo e le nostre energie. Coltivando la saggezza, possiamo evitare di farci sopraffare dal caos del mondo moderno e concentrarci invece su ciò che dà veramente valore e significato alla nostra vita.

Un'altra importante virtù stoica è il coraggio, la capacità di affrontare le avversità con forza e resilienza. Nel contesto delle sfide contemporanee, il coraggio ci permette di affrontare le situazioni difficili, sia che si tratti di difendere ciò che è giusto, sia che si tratti di correre dei rischi per perseguire i nostri obiettivi, sia che si tratti semplicemente di affrontare le inevitabili battute d'arresto e gli ostacoli che ci si presentano. Incarnando il coraggio, possiamo affrontare le incertezze della vita moderna con determinazione e forza d'animo, sapendo di possedere la forza interiore per superare qualsiasi sfida si presenti.

La giustizia, la virtù stoica dell'equità e dell'integrità, è fondamentale anche nel mondo di oggi. In una società in cui prevalgono disuguaglianza e ingiustizia, praticare la giustizia significa difendere ciò che è giusto e promuovere il benessere degli altri. Può trattarsi di affrontare questioni sociali, sostenere cause in cui crediamo o sforzarci di vivere la nostra vita con onestà e integrità. Incarnando la giustizia, possiamo dare un contributo positivo al mondo che ci circonda.

Infine, la temperanza, la virtù dell'autocontrollo e della moderazione, è essenziale di fronte alle sfide moderne. In un mondo che spesso incoraggia comportamenti eccessivi e indulgenza, la temperanza ci permette di mantenere equilibrio e moderazione nei nostri pensieri, azioni e desideri. Praticando la temperanza, possiamo evitare di essere guidati dall'impulsività e affrontare la vita con calma interiore e autodisciplina.

Applicare le virtù stoiche alle sfide moderne ci fornisce un quadro potente per navigare nelle complessità della vita contemporanea. Coltivando saggezza, coraggio, giustizia e temperanza, possiamo affrontare le sfide del mondo moderno con chiarezza, resilienza, integrità ed equilibrio. Attraverso la pratica di queste virtù, possiamo coltivare un senso di scopo, significato e forza interiore che ci permette di navigare nel mondo moderno con grazia e resilienza.

METTERE IN PRATICA

(1) Coltivare la saggezza prendendo decisioni ponderate sulle priorità, sulle relazioni e su come spendere tempo ed energie. Esempio: Prendetevi del tempo ogni giorno per riflettere sulle vostre

priorità e valutare come state allocando il vostro tempo e le vostre energie. Se necessario, apportate le modifiche necessarie per assicurarvi di concentrarvi su ciò che è veramente importante per voi e che porta valore alla vostra vita.

(2) Incarnare il coraggio confrontandosi con situazioni difficili e affrontando le avversità con forza e resilienza. Esempio: Identificate una situazione della vostra vita che state evitando o che vi fa sentire ansiosi. Fate un piccolo passo per affrontare e risolvere la situazione, che si tratti di una conversazione difficile, di correre un rischio o di affrontare una paura. Attingete alla vostra forza interiore e alla vostra resilienza per affrontare la sfida con coraggio.

(3) Praticare la giustizia difendendo ciò che è giusto e sostenendo il benessere degli altri. Esempio: Identificate un problema sociale o una causa che vi appassiona. Agire per sostenere quella causa, sia attraverso il volontariato, le donazioni o la difesa del cambiamento. Sforzarsi di vivere la propria vita con onestà e integrità, trattando gli altri con equità e rispetto.

(4) Coltivare la temperanza praticando l'autocontrollo e la moderazione nei pensieri, nelle azioni e nei desideri. Esempio: Notate quando vi sentite costretti ad abbandonarvi agli eccessi o ad agire d'impulso. Fermatevi a riflettere sulle conseguenze delle vostre azioni. Praticate l'autodisciplina e la moderazione, trovando un approccio equilibrato che sia in linea con i vostri valori e obiettivi.

3.3. TROVARE UN SENSO E UNO SCOPO

Ogni persona ha un desiderio radicato di trovare un significato e uno scopo nella propria vita. Questa ricerca di significato è stata al centro delle tradizioni filosofiche e spirituali nel corso della storia, e lo stoicismo non fa eccezione. In questo capitolo approfondiremo la comprensione stoica dello scopo ed esploreremo come può essere integrata con l'esplorazione dell'ombra per creare una vita più olistica e soddisfacente.

Lo stoicismo insegna che il vero scopo o eudaimonia consiste nel vivere in conformità con la propria natura e le proprie virtù. Si tratta di allineare le proprie azioni e decisioni alla saggezza, al coraggio, alla giustizia e alla temperanza. Coltivando queste virtù, gli individui possono scoprire un senso di scopo che va oltre i risultati esterni o i beni materiali.

L'esplorazione dell'ombra, invece, comporta l'approfondimento di quegli aspetti di noi stessi che potremmo aver represso o negato. Richiede di affrontare le nostre paure, le insicurezze e le parti di noi stessi di cui non siamo orgogliosi. Abbracciando la nostra ombra, otteniamo una comprensione più profonda di chi siamo veramente e possiamo scoprire desideri e passioni nascoste che possono contribuire al nostro senso di scopo.

Quando combiniamo i principi stoici con l'esplorazione delle ombre, intraprendiamo un viaggio potente verso la scoperta della nostra vera vocazione. Esaminando le ombre dentro di noi, possiamo identificare eventuali conflitti o contraddizioni che ci impediscono di allinearci pienamente con le nostre virtù e di vivere una vita eudaimonica. Questo processo ci permette di integrare la nostra ombra e di allineare le nostre azioni ai nostri veri valori.

Per trovare un significato e uno scopo, è fondamentale impegnarsi nell'autoriflessione e nell'introspezione. Si tratta di esaminare le nostre convinzioni, i nostri valori e le nostre priorità per identificare ciò che conta veramente per noi. Facendo chiarezza su ciò che è importante, possiamo iniziare a fare scelte in linea con i nostri valori, dando un senso di scopo e di realizzazione alla nostra vita.

Gli stoici sottolineano anche l'importanza di assumersi la responsabilità della propria felicità. Ci insegnano che le circostanze esterne sono fuori dal nostro controllo, ma la nostra risposta ad esse è in nostro potere. Ciò significa che, anche in situazioni difficili, possiamo scegliere di mantenere una mentalità virtuosa e di agire in conformità con i nostri valori. Così facendo, possiamo trovare uno scopo di fronte alle avversità e trasformare le difficoltà in opportunità di crescita.

Inoltre, lo stoicismo ci incoraggia a praticare la gratitudine e l'apprezzamento per il momento presente. Abbracciando la gratitudine, spostiamo la nostra attenzione da ciò che manca a ciò che già abbiamo. Questo cambiamento di mentalità ci permette di trovare significato e gioia anche negli aspetti più semplici della vita. Attraverso l'esplorazione delle ombre, possiamo riconoscere le resistenze o i blocchi che possiamo avere nei confronti della gratitudine e lavorare per integrare questi aspetti ombra con le pratiche di gratitudine.

In sintesi, trovare un significato e uno scopo richiede un'esplorazione profonda sia delle nostre virtù che delle nostre ombre. Integrando i principi stoici con il lavoro sulle ombre, possiamo scoprire i nostri veri valori e desideri, allineare le nostre azioni alle nostre virtù e coltivare un senso di scopo che va oltre i risultati esterni. Questo processo di auto-scoperta e integrazione ci permette di vivere una vita più significativa e appagante, in accordo con la saggezza dello stoicismo.

METTERE IN PRATICA

(1) Impegnatevi in una profonda auto-riflessione per scoprire il vostro vero scopo. Esempio: Prendetevi del tempo ogni giorno per scrivere un diario e riflettere sui vostri valori fondamentali, sui vostri punti di forza e sulle vostre passioni. Scrivete i vostri pensieri e sentimenti e identificate gli schemi e i temi che risuonano con voi. Utilizzate questa auto-riflessione come guida per scoprire il vostro vero scopo e allineare le vostre azioni ad esso.

(2) Allineate le vostre azioni ai vostri valori. Esempio: Fate un elenco dei vostri valori fondamentali e riflettete su quanto le vostre azioni attuali siano in linea con essi. Identificate le aree in cui potrebbe esserci una discrepanza e cercate di trovare il modo di allineare le vostre azioni. Ad esempio, se apprezzate l'onestà ma vi capita di dire piccole bugie, impegnatevi a essere più sinceri nelle vostre interazioni con gli altri.

(3) Impegnarsi nell'esplorazione delle ombre per riconoscere e integrare gli aspetti conflittuali della propria personalità. Esempio:

Prendetevi un momento per riflettere su comportamenti, convinzioni o aspetti di voi stessi che forse state reprimendo o negando. Questi possono essere percepiti come negativi o indesiderabili, ma riconoscerli e accettarli è fondamentale per integrarli e allinearli con i vostri valori. Ad esempio, se vi trovate spesso a soccombere alla rabbia, esplorate le cause sottostanti e lavorate per sviluppare strategie per gestire ed esprimere la rabbia in modo più sano.

(4) Abbracciare la natura impermanente dell'esistenza e trovare un significato nel momento presente. Esempio: Praticare la consapevolezza ed essere pienamente presenti in ogni momento. Lasciare andare gli attaccamenti al passato o le preoccupazioni per il futuro e concentrarsi sul trovare gioia e significato nel presente. Ad esempio, quando si trascorre del tempo con i propri cari, si devono eliminare le distrazioni ed essere pienamente presenti, ascoltandoli e coinvolgendoli.

(5) Riconoscere e accettare paure, insicurezze e conflitti interiori legati allo scopo e al significato. Esempio: Prendetevi un po' di tempo per riflettere su eventuali paure o insicurezze che vi impediscono di perseguire il vostro vero scopo o di trovare un significato nella vostra vita. Scrivetele e mettete in discussione la validità di queste paure. Ad esempio, se temete il fallimento e questo vi impedisce di rischiare, ricordatevi che il fallimento è una parte naturale della crescita e dell'apprendimento.

(6) Favorire una maggiore accettazione di sé e l'allineamento con i propri desideri autentici. Esempio: Praticate l'autocompassione e la gratitudine per ciò che siete e per ciò che avete realizzato. Riflettere sui propri desideri e aspirazioni e impegnarsi a perseguirli in modo autentico, senza farsi influenzare dalle aspettative esterne. Per esempio, se avete sempre voluto intraprendere una carriera creativa ma siete stati frenati dalle norme sociali, fate un piano per fare piccoli passi verso questo obiettivo e circondatevi di persone che vi sostengano.

3.4. PRATICARE LA GRATITUDINE E LA SODDISFAZIONE

La gratitudine e la soddisfazione giocano un ruolo fondamentale nella filosofia stoica e incorporarle nella nostra vita quotidiana può avere un impatto profondo sul nostro benessere generale. Nel mondo di oggi, dove abbondano le distrazioni e il consumismo, è facile perdere di vista i semplici piaceri e le benedizioni che ci circondano. Tuttavia, praticando la gratitudine e la contentezza, possiamo spostare la nostra attenzione da ciò che ci manca a ciò che già abbiamo, favorendo un senso di abbondanza e di appagamento.

Uno dei modi più potenti per coltivare la gratitudine è una pratica quotidiana di riflessione e apprezzamento. Prendersi il tempo per riconoscere consapevolmente le cose per cui siamo grati, che si tratti delle nostre relazioni, della nostra salute o della bellezza della natura, può portare gioia e pace nella nostra vita. Esprimendo gratitudine per le persone e le esperienze che arricchiscono la nostra vita, possiamo approfondire i legami con gli altri e alimentare una visione positiva.

D'altra parte, l'appagamento consiste nel trovare soddisfazione e pace con le circostanze attuali, indipendentemente dalle condizioni esterne. Non si tratta di accontentarsi di meno o di diventare compiacenti, ma piuttosto di abbracciare una mentalità di accettazione e di equanimità. La filosofia stoica ci insegna che la vera soddisfazione viene dall'interno e non dipende da fattori esterni. Praticando la contentezza, possiamo imparare a trovare gioia e appagamento nel momento presente, piuttosto che inseguire costantemente i desideri futuri o soffermarci sui rimpianti del passato.

Un aspetto importante della pratica della gratitudine e dell'appagamento risiede nella nostra capacità di riformulare la nostra prospettiva sulle sfide e sulle battute d'arresto. Lo stoicismo ci incoraggia a considerare le avversità come un'opportunità di crescita e di apprendimento, piuttosto che come una fonte di frustrazione o di disperazione. Coltivando la gratitudine per le lezioni che le esperienze difficili ci insegnano, possiamo sviluppare resilienza e forza interiore.

Per illustrare questo punto, consideriamo l'esempio di una persona che ha affrontato una significativa battuta d'arresto finanziaria. Invece di soccombere a sentimenti di amarezza o autocommiserazione, questa persona pratica la gratitudine per le lezioni apprese dall'esperienza. Apprezza l'opportunità di coltivare la prudenza e l'intraprendenza finanziaria, trovando soddisfazione nella consapevolezza di avere la capacità di superare le sfide. Questo cambiamento di prospettiva permette di affrontare la situazione con gratitudine ed equanimità, portando in ultima analisi a una maggiore tranquillità e benessere emotivo.

Oltre a questi benefici personali, la pratica della gratitudine e dell'appagamento può anche contribuire a una società più armoniosa e compassionevole. Coltivando una mentalità di abbondanza e apprezzamento, possiamo diventare più empatici e solidali con gli altri. Questo favorisce un senso di comunità e di interconnessione, contribuendo in ultima analisi a un mondo più pacifico e soddisfacente per tutti.

La pratica della gratitudine e della soddisfazione è una pietra miliare della filosofia stoica che può arricchire profondamente la nostra vita. Riconoscendo consapevolmente le nostre benedizioni e trovando soddisfazione nel momento presente, possiamo coltivare un senso di pace interiore e di appagamento. Attraverso questa pratica, non solo miglioriamo il nostro benessere, ma contribuiamo anche alla creazione di un mondo più compassionevole e armonioso.

METTERE IN PRATICA

(1) Praticate la riflessione e l'apprezzamento quotidiano: Dedicate qualche minuto al giorno per riconoscere e apprezzare consapevolmente le cose per cui siete grati. Esempio: Ogni sera, prima di andare a letto, fate un elenco di tre cose di cui siete grati per quel giorno. Possono essere semplici come un pasto delizioso, un gesto gentile da parte di un amico o un bel tramonto. Questa pratica

vi aiuterà a spostare l'attenzione sugli aspetti positivi della vostra vita e a promuovere il senso di gratitudine.

(2) Riformulare le sfide come opportunità di crescita: Invece di considerare le battute d'arresto e le difficoltà come ostacoli, consideratele come opportunità per imparare e sviluppare la resilienza. Esempio: Quando affrontate una sfida di lavoro, ricordatevi che è un'opportunità per migliorare le vostre capacità di risolvere i problemi e ampliare le vostre conoscenze. Accogliete l'opportunità di crescere e affrontate la situazione con un atteggiamento di gratitudine per le lezioni che può insegnarvi.

(3) Coltivare la soddisfazione nel momento presente: Trovare soddisfazione e pace con le circostanze attuali, indipendentemente dai fattori esterni. Esempio: Invece di cercare costantemente di ottenere più beni materiali, prendetevi un momento per apprezzare ciò che già avete. Concentratevi sui piccoli piaceri della vita, come una buona tazza di caffè, un caldo abbraccio o un bel tramonto. Abbracciando la contentezza, si può sperimentare un senso di appagamento più profondo nel presente.

(4) Esprimere gratitudine verso gli altri: Mostrate apprezzamento per le persone e le esperienze che arricchiscono la vostra vita. Esempio: Scrivete un sentito biglietto di ringraziamento a qualcuno che ha avuto un impatto positivo sulla vostra vita. Fateli sapere quanto siete grati per la sua presenza e per il modo in cui ha contribuito alla vostra crescita e felicità. Questo atto di gratitudine rafforzerà i legami con gli altri e alimenterà una visione positiva.

(5) Favorire l'empatia e il sostegno agli altri: Coltivare una mentalità di abbondanza e apprezzamento, che può portare a una maggiore compassione e sostegno verso gli altri. Esempio: Offrite il vostro tempo come volontari a un'organizzazione o a un ente di beneficenza locale che vi interessa. Contribuendo attivamente al benessere degli altri, potete promuovere un senso di comunità e di interconnessione, creando un mondo più pacifico e soddisfacente per tutti.

3.5. NAVIGARE NELLE SITUAZIONI DIFFICILI CON LA VIRTÙ

Riuscire a superare le situazioni difficili con virtù è un aspetto cruciale dell'integrazione dello stoicismo e del lavoro con le ombre nella nostra vita quotidiana. Quando ci troviamo di fronte a delle difficoltà, possiamo essere tentati di lasciare che le nostre emozioni guidino le nostre azioni e reazioni. Tuttavia, abbracciando i principi dello stoicismo e del lavoro con le ombre, possiamo affrontare le situazioni difficili con saggezza, coraggio, equità e autocontrollo.

Coltivare la saggezza è una componente chiave per affrontare efficacemente le situazioni difficili con virtù. Ciò implica fare un passo indietro rispetto alle nostre reazioni emotive immediate ed esaminare la situazione da una prospettiva più ampia. Impegnandoci nell'auto-riflessione e nella consapevolezza, possiamo acquisire una visione dei nostri schemi di pensiero e delle nostre reazioni emotive, permettendoci di rispondere alle sfide con maggiore chiarezza e comprensione.

Il coraggio è un'altra virtù essenziale per affrontare le situazioni difficili. È necessario avere coraggio per affrontare le nostre paure e le nostre incertezze, soprattutto quando i nostri aspetti ombra sono innescati dalle sfide che incontriamo. Abbracciando la vulnerabilità e riconoscendo il nostro disagio, possiamo trovare la forza di affrontare gli ostacoli sul nostro cammino con resilienza e determinazione.

Praticare la giustizia nelle situazioni difficili significa affrontarle con equità e integrità. Ciò significa considerare le prospettive e le esigenze degli altri, anche di fronte alle avversità. Trovando un equilibrio tra interesse personale e compassione per gli altri, possiamo affrontare le sfide in modo da sostenere i nostri principi e valori.

La temperanza, la virtù della moderazione e dell'autocontrollo, svolge un ruolo importante anche quando si affrontano situazioni difficili. È naturale provare emozioni intense in risposta alle sfide, ma praticando la temperanza possiamo evitare che queste emozioni offuschino il nostro giudizio e portino ad azioni impulsive o irrazionali. Possiamo invece affrontare la situazione con una mentalità calma e razionale, prendendo decisioni in linea con i nostri valori e obiettivi a lungo termine.

Un esempio di come si possa affrontare con successo una situazione difficile con la virtù potrebbe essere la gestione di un conflitto sul posto di lavoro. Invece di reagire con rabbia o frustrazione, un approccio stoico implica un passo indietro per riflettere sulla situazione, considerare le prospettive di tutte le parti coinvolte e rispondere con equità e integrità. Ciò potrebbe includere la pratica dell'empatia, la comprensione delle cause sottostanti al conflitto e il lavoro per una risoluzione che vada a beneficio di tutte le parti.

Inoltre, l'integrazione del lavoro sull'ombra in questo processo comporterebbe il riconoscimento di emozioni o paure nascoste che potrebbero contribuire al conflitto. Accogliendo questi aspetti ombra e affrontandone le cause profonde, possiamo affrontare la situazione con una comprensione più profonda di noi stessi e degli altri, ottenendo risoluzioni più profonde e durature.

Per affrontare con successo le situazioni difficili con virtù è necessario incarnare i principi dello stoicismo e del lavoro con le ombre nelle nostre risposte alle sfide. Coltivando saggezza, coraggio, equità e autocontrollo, possiamo affrontare le situazioni difficili con chiarezza, resilienza, integrità e autodisciplina. Questo ci permette di affrontare le sfide in un modo che sia in linea con i nostri valori e che porti a una significativa crescita e trasformazione personale.

METTERE IN PRATICA

(1) Coltivate la saggezza praticando l'autoriflessione e la consapevolezza nelle situazioni difficili. Fate un passo indietro rispetto alla reazione emotiva immediata ed esaminate la situazione da una prospettiva più ampia. Esempio: Quando vi trovate di fronte a una decisione impegnativa sul lavoro, prendetevi un momento per riflettere sulle potenziali conseguenze e considerate gli effetti a lungo termine sulla vostra carriera e sulla vostra crescita personale prima di fare una scelta.

(2) Abbracciare la vulnerabilità e riconoscere il disagio per trovare il coraggio di affrontare gli ostacoli nelle situazioni difficili. Esempio: Quando si fa una presentazione a un pubblico numeroso, riconoscere

e accogliere le sensazioni di nervosismo o di dubbio su se stessi. Usate queste emozioni come motivazione per prepararvi a fondo e fornire la migliore prestazione possibile.

(3) Praticare l'equità e l'integrità considerando le prospettive e le esigenze degli altri in situazioni difficili. Esempio: Quando risolvete un conflitto con un collega, ascoltate attivamente la sua versione della storia e cercate di capire il suo punto di vista. Cercate di trovare una soluzione che soddisfi le esigenze di entrambe le parti e mantenga un rapporto di lavoro armonioso.

(4) Esercitare la temperanza evitando che le forti emozioni offuschino il giudizio e portino ad azioni impulsive in situazioni difficili. Esempio: Quando ricevete un feedback critico da un supervisore, prendetevi un momento per respirare e regolare le vostre emozioni. Rispondete con una mentalità calma e razionale, considerando la validità del feedback e identificando le aree di miglioramento.

(5) Integrare il lavoro ombra riconoscendo le emozioni o le paure nascoste che possono contribuire a situazioni difficili. Esempio: Quando si affronta la resistenza al cambiamento all'interno di un team, riflettere su eventuali paure o insicurezze sottostanti che possono essere la causa della resistenza. Affrontate queste emozioni attraverso una comunicazione aperta e onesta, favorendo la comprensione e la collaborazione per abbracciare i cambiamenti.

(6) Allineare le risposte alle sfide con i valori e i principi personali per affrontare le situazioni difficili con virtù. Esempio: Quando ci si trova di fronte alla disonestà in una transazione commerciale, prendere decisioni che diano la priorità alla condotta etica e al mantenimento dell'integrità personale, anche se ciò significa rinunciare a guadagni a breve termine.

(7) Cercare una crescita e una trasformazione significative incarnando i principi dello stoicismo e del lavoro con le ombre nelle risposte alle sfide. Esempio: Quando ci si trova di fronte a battute d'arresto o a fallimenti, utilizzare pratiche stoiche come il diario e la riflessione per trovare un significato e un insegnamento nell'esperienza. Affrontate gli aspetti ombra sottostanti che possono aver contribuito alla situazione, consentendo la crescita e la trasformazione personale.

(8) Praticare e affinare continuamente le virtù della saggezza, del coraggio, della giustizia e della temperanza nella vita quotidiana per

affrontare ogni tipo di situazione difficile. Esempio: Dedicare ogni giorno del tempo all'autoriflessione e alla pratica della consapevolezza per coltivare la saggezza. Sfidate voi stessi a uscire regolarmente dalla vostra zona di comfort per rafforzare il vostro coraggio. Cercare attivamente opportunità di volontariato o di sostegno ad altri per esercitare la giustizia. Praticare tecniche di mindfulness, come la respirazione profonda, per coltivare la temperanza e mantenere la stabilità emotiva in situazioni difficili.

4. La dicotomia del controllo: Accettazione stoica e integrazione delle ombre

4.1. Capire cosa si può e cosa non si può controllare

Lo stoicismo ci insegna la lezione vitale di riconoscere ciò che è sotto il nostro controllo e ciò che non lo è. Questo principio fondamentale è la chiave per vivere una vita piena di tranquillità interiore, resilienza e stabilità emotiva. Questo principio fondamentale è la chiave per vivere una vita piena di tranquillità interiore, resilienza e stabilità emotiva. Si tratta di riconoscere i limiti del nostro potere e di imparare ad abbracciare l'ordine naturale dell'universo.

Nella vita di tutti i giorni, spesso ci ritroviamo a esercitare energia su cose che non rientrano nella nostra sfera di influenza. Purtroppo, questo sforzo inutile porta solo a frustrazione, ansia e stress. Lo stoicismo ci esorta a riflettere sugli aspetti che possiamo controllare, come i nostri pensieri, le nostre azioni e i nostri atteggiamenti, lasciando rigorosamente andare il resto. Tuttavia, questo non significa che diventiamo passivi o indifferenti alle circostanze della vita.

Piuttosto, ci invita ad affrontare queste circostanze con equanimità e accettazione.

Per mettere in pratica questo principio, un esercizio utile è quello di creare quello che viene comunemente chiamato "cerchio di controllo". Si tratta di disegnare due cerchi concentrici, in cui il cerchio interno rappresenta le cose che possiamo controllare e quello esterno le cose che sfuggono al nostro controllo. Visualizzando queste due aree, otteniamo chiarezza su dove dirigere la nostra energia e la nostra attenzione. Questa pratica ci libera dalla necessità di microgestire gli eventi esterni e ci orienta verso la formazione del nostro mondo interiore.

Consideriamo un esempio pratico. Immaginiamo di trovarci in un ingorgo, in ritardo per una riunione importante. Sebbene non possiamo controllare il traffico, abbiamo certamente il controllo della nostra reazione alla situazione. Invece di soccombere alla frustrazione e all'agitazione, possiamo utilizzare il tempo extra per praticare la respirazione profonda, ascoltare musica rilassante o semplicemente accogliere le circostanze con pazienza. Questo cambiamento di prospettiva ci permette di mantenere la pace interiore e di affrontare la riunione con la mente lucida, indipendentemente dagli ostacoli esterni.

Inoltre, la comprensione di ciò che rientra nella nostra sfera di controllo facilita anche l'abbandono di aspettative irrealistiche e del perfezionismo. Spesso ci appesantiamo inutilmente cercando di controllare i risultati o le azioni degli altri. Lo stoicismo ci ricorda che il nostro potere non sta nel manipolare gli eventi, ma piuttosto nel modo in cui scegliamo di rispondere ad essi.

Un ulteriore aspetto cruciale di questa comprensione è la pratica di lasciar andare gli attaccamenti malsani. Riconoscendo che non possiamo controllare le azioni, le opinioni o le emozioni degli altri, ci liberiamo dal bisogno di una convalida o approvazione esterna. Questo ci permette di promuovere l'autonomia, l'autostima e la forza interiore.

Il concetto di comprensione della nostra sfera di controllo è una pietra miliare della filosofia stoica. Ci permette di dare priorità al nostro stato interiore, di trovare pace nelle circostanze esterne e di affrontare la vita con grazia e resilienza. Abbracciando questo principio, possiamo liberarci dalla morsa dell'ansia e delle aspettative, trovando la libertà nell'accettazione del naturale flusso e riflusso della vita.

> **METTERE IN PRATICA**
>
> (1) Identificare e accettare le cose che non si possono controllare: Riconoscere la differenza tra ciò che è in vostro potere e ciò che è al di là della vostra influenza. Ad esempio, non potete controllare il traffico, ma potete controllare la vostra reazione ad esso. Esempio: Quando ci troviamo di fronte a un ingorgo, invece di sentirci frustrati, facciamo un respiro profondo e ricordiamoci che non possiamo controllare la situazione. Utilizzate il tempo per ascoltare un audiolibro o per ascoltare la vostra musica preferita.
> (2) Concentratevi su ciò che potete controllare: Dirigete l'energia e l'attenzione verso le cose su cui avete il controllo, come i vostri pensieri, le vostre azioni e i vostri atteggiamenti. Esempio: Invece di preoccuparvi delle opinioni altrui, concentratevi sullo sviluppo di una mentalità positiva e sul mantenimento di un atteggiamento gentile e compassionevole nelle vostre interazioni.
> (3) Praticate l'esercizio del "cerchio del controllo": Visualizzate un cerchio che rappresenta le cose che potete controllare e un altro cerchio che rappresenta le cose che non potete controllare. Questo vi aiuterà a capire dove concentrare i vostri sforzi. Esempio: Disegnate due cerchi su un foglio di carta. Nel cerchio interno scrivete gli aspetti della vostra vita che potete controllare, come la salute e la routine quotidiana. Nel cerchio esterno, scrivete gli aspetti che sfuggono al vostro controllo, come il tempo o le opinioni degli altri.
> (4) Lasciare andare le aspettative irrealistiche: Capire che non si possono controllare i risultati o le azioni degli altri. Rilasciate la pressione di cercare di rendere tutto perfetto. Esempio: Invece di essere ossessionati dall'ottenere un punteggio perfetto in un test, concentratevi sul dare il meglio di voi stessi e sull'imparare dall'esperienza, indipendentemente dal risultato.
> (5) Praticate il distacco dalla convalida esterna: Riconoscere che non si può controllare la percezione o l'approvazione degli altri. Coltivate

un senso di autostima e di convalida interiore. Esempio: Invece di cercare la convalida degli altri, concentratevi sulla definizione dei vostri obiettivi e standard di crescita personale e di successo.

(6) Abbracciare il flusso naturale della vita: Accettare che la vita è piena di alti e bassi e che non si può controllare ogni suo aspetto. Trovate la pace nell'arrendervi all'ordine naturale dell'universo. Esempio: Quando affrontate una battuta d'arresto o una delusione, ricordate a voi stessi che è una parte del viaggio della vita e un'opportunità di crescita. Affrontate la situazione con grazia e adattabilità, sapendo che non potete controllare ogni risultato.

(7) Coltivare la resilienza e la stabilità emotiva: Costruire la propria forza interiore attraverso la pratica e la mentalità. Sviluppare meccanismi e strategie di coping per gestire le situazioni difficili. Esempio: Praticare la mindfulness e la meditazione per migliorare il proprio benessere emotivo e costruire la resilienza. Quando vi trovate di fronte a una circostanza difficile, prendetevi un momento per respirare profondamente e ricordate a voi stessi la vostra forza interiore e la capacità di superare le sfide.

(8) Trovate il significato e lo scopo dentro di voi: Invece di cercare conferme esterne o di affidarsi a circostanze esterne per ottenere la realizzazione, concentratevi sulla scoperta delle vostre passioni e dei vostri valori. Esempio: Dedicate del tempo a riflettere sui vostri valori e obiettivi personali. Impegnatevi in attività che siano in linea con le vostre passioni e che vi diano un senso di scopo, invece di affidarvi a risultati o riconoscimenti esterni per ottenere la vostra realizzazione.

Attuando queste misure pratiche, potrete iniziare a rinunciare all'impulso di manipolare ogni aspetto della vostra vita e spostare la vostra prospettiva verso l'accettazione, l'adattamento e lo sviluppo a livello personale.

4.2. LASCIARE ANDARE GLI ATTACCAMENTI MALSANI

Liberarsi dagli attaccamenti malsani è un aspetto essenziale sia dello stoicismo sia del lavoro sull'ombra. Tali attaccamenti possono assumere varie forme, tra cui relazioni tossiche e beni materiali, e possono avere un forte impatto sul nostro benessere mentale ed emotivo. Lo stoicismo ci insegna a dare priorità a ciò che possiamo controllare e a distaccarci dai fattori esterni che possono causare disagio. D'altra parte, il lavoro con le ombre ci incoraggia a scavare negli attaccamenti emotivi sottostanti, spesso inconsci, che guidano i nostri comportamenti e pensieri.

Per iniziare il processo di abbandono degli attaccamenti malsani, è fondamentale innanzitutto identificarli. Questi attaccamenti possono essere qualsiasi cosa su cui facciamo eccessivo affidamento per il nostro senso di sicurezza, felicità o identità. Possono manifestarsi come una persona, un lavoro, una convinzione o persino un risultato specifico su cui ci siamo fissati. Il lavoro con le ombre ci aiuta a scoprire gli schemi emotivi e i traumi che possono alimentare questi attaccamenti, consentendoci di comprendere più a fondo perché hanno un tale potere su di noi.

Una volta identificati i nostri attaccamenti malsani, i principi stoici ci guidano nel valutare se questi attaccamenti sono sotto il nostro controllo. Il concetto di dicotomia del controllo ci insegna a distinguere tra ciò che possiamo cambiare e ciò che non possiamo. Accettando che alcune cose sono al di fuori del nostro controllo, possiamo iniziare a liberare la presa emotiva che questi attaccamenti hanno su di noi. Il lavoro con le ombre completa questo processo aiutandoci a scoprire le ferite emotive più profonde che possono essere alla base di questi attaccamenti, permettendoci di affrontarle nel profondo.

Praticare il non attaccamento non significa mancare di amore o di cura per le cose e le persone della nostra vita. Significa coltivare un rapporto sano con loro, privo di aspettative eccessive e di dipendenza emotiva. La filosofia stoica ci incoraggia a cercare la tranquillità e la pace interiore, indipendentemente dalle circostanze esterne. Il lavoro con le ombre ci aiuta a scoprire le convinzioni e le paure inconsce che possono alimentare i nostri attaccamenti, consentendo la guarigione e la trasformazione.

Una tecnica efficace per lasciare andare gli attaccamenti malsani è la pratica della consapevolezza. Essendo pienamente presenti e consapevoli dei nostri pensieri ed emozioni, possiamo osservare la natura dei nostri attaccamenti senza rimanerne invischiati. Questa pratica di mindfulness, combinata con i principi stoici, ci aiuta a riconoscere l'impermanenza delle cose esterne e l'inutilità di cercare di controllarle. Diventando più consapevoli, possiamo gradualmente allentare la presa su questi attaccamenti, trovando maggiore pace e libertà dentro di noi.

Il processo di lasciare andare gli attaccamenti malsani consiste nel recuperare la nostra forza interiore e la nostra sovranità. La filosofia stoica ci insegna a concentrarci sulla coltivazione della virtù e della resilienza interiore, mentre il lavoro con le ombre ci aiuta a scoprire le ferite emotive più profonde e le paure che possono guidare i nostri attaccamenti. Integrando questi due approcci, possiamo gradualmente liberarci dalla morsa degli attaccamenti malsani e vivere con maggiore libertà emotiva e autenticità.

METTERE IN PRATICA

(1) Identificare gli attaccamenti malsani Esempio: Prendetevi un po' di tempo per riflettere e fate un elenco delle cose o delle relazioni da cui vi sentite eccessivamente dipendenti per il vostro senso di sicurezza o felicità. Può trattarsi di una persona specifica, di un lavoro, di una convinzione o anche di un risultato su cui vi siete fissati.

(2) Esplorare gli schemi emotivi e i traumi che stanno alla base dei vostri attaccamenti: Impegnatevi nel lavoro con le ombre, scrivendo un diario o cercando una terapia per scoprire le ferite e i traumi emotivi più profondi che possono alimentare i vostri attaccamenti. Questo può aiutarvi a capire meglio perché questi attaccamenti hanno una presa così forte su di voi.

(3) Valutare se i vostri attaccamenti sono sotto il vostro controllo Esempio: Applicate i principi stoici esaminando se gli attaccamenti che avete identificato sono sotto il vostro controllo o meno. Determinate se ci sono azioni che potete intraprendere per cambiare la situazione o se dovete accettare che è fuori dal vostro controllo.

(4) Praticare il non attaccamento e coltivare un rapporto sano Esempio: Coltivate la consapevolezza dei vostri pensieri e delle vostre emozioni per sviluppare un rapporto sano con i vostri attaccamenti. Rilasciate le aspettative eccessive e la dipendenza emotiva, permettendovi di trovare tranquillità e pace all'interno, indipendentemente dalle circostanze esterne.

(5) Utilizzare la mindfulness e i principi stoici per riconoscere l'impermanenza Esempio: Praticare la meditazione mindfulness per osservare l'impermanenza delle cose esterne e l'inutilità di cercare di controllarle. Combinate questa pratica con i principi stoici per allentare gradualmente la presa sugli attaccamenti malsani e trovare una maggiore pace e libertà interiore.

(6) Coltivare la virtù, la resilienza interiore e la libertà emotiva Esempio: Concentrarsi sulla coltivazione di qualità virtuose e sulla resilienza interiore, come insegnato dalla filosofia stoica. Contemporaneamente, impegnatevi nel lavoro sull'ombra per guarire e trasformare le ferite emotive più profonde e le paure alla base dei vostri attaccamenti. Integrando questi approcci, è possibile liberarsi gradualmente dalla morsa degli attaccamenti malsani e vivere con maggiore libertà emotiva e autenticità.

4.3. TRASFORMARE LA PAURA E L'ANSIA

La paura e l'ansia sono emozioni comuni che tutti sperimentiamo a un certo punto della nostra vita. Possono essere opprimenti e paralizzarci, impedendoci di agire e di vivere al meglio la nostra vita. Tuttavia, la filosofia stoica offre potenti tecniche per trasformare queste emozioni negative in fonti di crescita e di potenziamento.

Uno dei principi fondamentali dello stoicismo è capire cosa è e cosa non è sotto il nostro controllo. Sebbene non possiamo avere un controllo completo sugli eventi esterni o sulle azioni degli altri, abbiamo il controllo sui nostri pensieri, sulle nostre convinzioni e sulle nostre scelte. Questa consapevolezza è fondamentale quando si parla di paura e ansia. Spesso temiamo cose che sfuggono al nostro controllo, come il futuro o le opinioni degli altri. Lo stoicismo ci insegna a concentrarci su ciò che possiamo controllare, ovvero la nostra risposta a queste circostanze esterne.

Praticando l'accettazione stoica, possiamo imparare ad accettare le nostre paure e ansie senza lasciare che siano loro a dettare le nostre azioni. Invece di cercare di evitare o reprimere queste emozioni, possiamo riconoscerle e capire che sono una parte naturale dell'essere umano. Accogliere la paura e l'ansia ci permette di affrontarle di petto, invece di permettere loro di controllarci.

Un'altra tecnica stoica per trasformare la paura e l'ansia consiste nel riformulare la nostra percezione di queste emozioni. Lo stoicismo ci insegna a vedere le sfide e gli ostacoli come opportunità di crescita e di miglioramento personale. Quando affrontiamo la paura e l'ansia con una mentalità stoica, possiamo vederle come inviti a sviluppare la nostra resilienza e la nostra forza interiore. Riformulando queste emozioni come trampolini di lancio piuttosto che come barriere, possiamo spostare la nostra prospettiva e sfruttare la loro energia per spingerci in avanti.

Anche la pratica della consapevolezza è fondamentale per trasformare la paura e l'ansia. Quando coltiviamo la consapevolezza del momento presente, possiamo osservare i nostri pensieri paurosi e i sentimenti di ansia senza giudicarli. Invece di perderci nelle narrazioni create dalla nostra mente, possiamo riconoscerli come fenomeni passeggeri. Attraverso la consapevolezza, possiamo staccarci dai nostri pensieri di paura e riportare la nostra attenzione al momento presente, dove risiedono la vera pace e la tranquillità.

Inoltre, integrare gli aspetti ombra della paura e dell'ansia è fondamentale per la crescita e lo sviluppo personale olistico. Il lavoro con le ombre consiste nello scoprire e accogliere le nostre paure e ansie inconsce, che spesso derivano da traumi del passato o da emozioni irrisolte. Facendo luce su questi aspetti nascosti di noi stessi, possiamo guarirli e integrarli nella nostra consapevolezza. Così facendo, ci liberiamo dalla morsa della paura e dell'ansia e recuperiamo il nostro potere personale.

Trasformare la paura e l'ansia è una pratica continua che richiede dedizione e autocompassione. Come stoici, comprendiamo che queste emozioni sono inevitabili, ma abbiamo il potere di trasformarle in opportunità di crescita e di scoperta di noi stessi. Integrando i principi stoici nella nostra vita e impegnandoci nel lavoro con le ombre, possiamo coltivare la resilienza e la forza necessarie per affrontare l'ignoto con coraggio e serenità.

Ricordate che lo stoicismo non consiste nel reprimere o negare le nostre emozioni, ma piuttosto nello sviluppare un rapporto sano ed equilibrato con esse. Adottando una mentalità stoica, possiamo affrontare gli alti e bassi della vita con un senso di calma e di forza interiore. Quindi, la prossima volta che la paura o l'ansia si presentano, accoglietele come insegnanti e catalizzatori della crescita personale.

METTERE IN PRATICA

(1) Coltivare l'autoconsapevolezza e la consapevolezza. Esempio: Praticare quotidianamente la meditazione o il diario per osservare e comprendere i pensieri, le convinzioni e i fattori scatenanti che contribuiscono alla paura e all'ansia.

(2) Applicare i principi stoici del reframing cognitivo e dell'analisi razionale. Esempio: Sfidare le paure irrazionali e gli schemi di pensiero distorti mettendo in discussione le prove alla base e trovando prospettive alternative.

(3) Accettare e arrendersi. Esempio: Riconoscere che non tutto è sotto il proprio controllo e abbandonare la necessità di controllare tutto, trovando pace nell'accettazione delle incertezze della vita.

(4) Integrare il lavoro con le ombre e portare alla luce paure e ansie. Esempio: Impegnarsi in una terapia o in pratiche di autoriflessione per portare alla luce paure profonde e aspetti di sé non riconosciuti, integrandoli nella consapevolezza.

(5) Praticare tecniche pratiche di mindfulness. Esempio: Sviluppare una pratica quotidiana di mindfulness per osservare e distaccarsi dai pensieri e dalle emozioni di paura e ansia, rispondendo ad essi in modo equilibrato e costruttivo.

(6) Costruire la resilienza attraverso pratiche stoiche. Esempio: Accogliere il disagio e le avversità come opportunità di crescita, affrontando paure e ansie con coraggio e determinazione.

4.4. EQUILIBRIO TRA CONTROLLO E ABBANDONO

Nel perseguire la scoperta di sé e la crescita personale, è fondamentale comprendere il delicato equilibrio tra controllo e abbandono. Lo stoicismo ci insegna il significato di discernere ciò che è sotto il nostro controllo e di accettare ciò che non lo è. Allo stesso modo, il lavoro con le ombre ci spinge a confrontarci con le nostre paure e insicurezze, ma anche ad arrenderci al processo di abbracciare i nostri aspetti ombra con compassione e accettazione.

Bilanciare il controllo e l'abbandono significa riconoscere che abbiamo il potere di influenzare alcuni aspetti della nostra vita, come i nostri pensieri, le nostre azioni e le nostre reazioni agli eventi esterni. Tuttavia, è altrettanto importante riconoscere che molti fattori sono al di fuori del nostro controllo, compresi i comportamenti degli altri, le circostanze impreviste e i risultati dei nostri sforzi. Questa comprensione costituisce la base per coltivare la resilienza e la pace interiore.

Per raggiungere questo equilibrio, è fondamentale coltivare una mentalità di resilienza e adattabilità. Dobbiamo imparare a liberarci dall'attaccamento a risultati specifici e a rinunciare alla necessità di un controllo assoluto. Ciò non implica passività o indifferenza, ma piuttosto un approccio alla vita con una prospettiva aperta e flessibile. Abbracciando il concetto di resa, possiamo liberarci dalla pesante pressione di cercare di manipolare ogni situazione a nostro piacimento.

Arrendersi non significa debolezza, ma piuttosto profonda forza e saggezza. Comporta lo sviluppo della capacità di confidare nel naturale svolgersi della vita, anche di fronte all'incertezza e all'imprevedibilità. Attraverso la resa, ci apriamo a nuove possibilità e opportunità che possono essere rimaste nascoste quando eravamo strettamente aggrappati alle redini del controllo. Questo stato di abbandono ci permette di fluire con il fiume della vita, piuttosto che resistere, portando un senso di facilità e grazia alle nostre esperienze.

Nel contesto dello stoicismo, la resa si allinea all'accettazione del momento presente e alla rinuncia ad attaccarsi a risultati esterni. Non implica apatia o rassegnazione, ma piuttosto una valutazione realistica di ciò che è o non è in nostro potere. Concentrandoci sui nostri pensieri e sulle nostre azioni, invece di fissarci sulle circostanze esterne, possiamo coltivare la pace interiore e il potere.

Applicando questo principio al lavoro con l'ombra, arrendersi significa affrontare le nostre paure, insicurezze ed emozioni represse con coraggio e compassione. Si tratta di rinunciare al bisogno costante di sopprimere o controllare i nostri aspetti ombra e di accoglierli invece con consapevolezza. Questo processo di resa alla nostra ombra ci permette di integrare queste parti rinnegate di noi stessi, portando a un maggiore senso di completezza e autenticità.

L'equilibrio tra controllo e abbandono è una pratica continua e dinamica. Richiede autoconsapevolezza, consapevolezza e disponibilità a lasciar andare il bisogno di certezza e perfezione. Abbracciando questo equilibrio, possiamo affrontare le sfide della vita con maggiore resilienza, equanimità e compassione, sia verso noi stessi che verso gli altri.

Trovando un'armonia tra accettazione stoica e integrazione dell'ombra, possiamo coltivare un senso più profondo di pace interiore, autenticità e resilienza. Questo ci permette di abbracciare il viaggio della scoperta di noi stessi e della crescita con cuore e mente aperti.

METTERE IN PRATICA

(1) Coltivare una mentalità di resilienza e flessibilità. Esempio: Praticate la meditazione e gli esercizi di mindfulness per sviluppare la resilienza e la flessibilità nelle situazioni difficili. Per esempio, quando dovete affrontare una scadenza di lavoro stressante, prendetevi qualche minuto per respirare profondamente e ricordate a voi stessi che avete la capacità di adattarvi e trovare soluzioni.

(2) Lasciare andare l'attaccamento a risultati specifici. Esempio: Nel fissare gli obiettivi, concentratevi sul processo piuttosto che sul risultato finale. Per esempio, invece di fissarvi sulla vittoria di una gara, concentratevi sul piacere del viaggio e sul vostro impegno.

(3) Abbracciate il concetto di resa e confidate nel naturale svolgersi della vita. Esempio: Di fronte a cambiamenti o sfide inattese, esercitatevi a lasciar andare il bisogno di controllare la situazione. Abbiate fiducia nel fatto che le cose andranno come devono andare e cercate le opportunità per imparare e crescere dall'esperienza.

(4) Affrontate le vostre paure, insicurezze ed emozioni represse con coraggio e compassione. Esempio: Prendetevi del tempo per riflettere su eventuali paure o insicurezze che vi frenano e cercate un modo per affrontarle. Ciò potrebbe comportare la ricerca di un sostegno da parte di un amico fidato o di un terapeuta, la stesura di un diario sui vostri sentimenti o la partecipazione ad attività che vi spingono fuori dalla vostra zona di comfort.

(5) Concentratevi sui vostri pensieri e sulle vostre azioni, invece di fissarvi sulle circostanze esterne. Esempio: Invece di essere consumati da eventi o situazioni negative, reindirizzate la vostra attenzione su come potete scegliere di reagire e attraversarle. Esercitatevi a riformulare i pensieri negativi in affermazioni positive e ad adottare misure proattive per la crescita personale e il benessere.

(6) Integrate i vostri aspetti ombra abbracciandoli e accettandoli. Esempio: Prendetevi del tempo per identificare qualsiasi aspetto di voi stessi che state negando o reprimendo. Ciò potrebbe includere il riconoscimento e l'accettazione dei propri errori, delle proprie vulnerabilità o dei tratti meno desiderabili. Trovate il modo di integrare questi aspetti nella vostra immagine di sé e usateli come catalizzatori per la crescita personale e l'accettazione di sé.

(7) Praticare l'autoconsapevolezza e la consapevolezza. Esempio: Tenere un diario quotidiano per riflettere sui propri pensieri, emozioni e azioni. Questo può aiutarvi a diventare più consapevoli degli schemi, dei fattori scatenanti e delle aree in cui potete concentrarvi sulla crescita personale. Dedicate regolarmente del tempo alla meditazione o alle pratiche di mindfulness per coltivare

una comprensione più profonda di voi stessi e delle vostre reazioni alle diverse situazioni.

(8) Lasciare andare il bisogno di certezza e perfezione. Esempio: Invece di cercare risultati perfetti o di cercare costantemente di controllare ogni aspetto della vostra vita, accettate l'incertezza e le imperfezioni. Praticate l'autocompassione e ricordate a voi stessi che gli errori e le battute d'arresto sono opportunità di apprendimento e di sviluppo personale.

(9) Affrontare la vita con apertura e adattabilità. Esempio: Invece di attenersi rigidamente a un piano o a una mentalità fissa, rimanete aperti a nuove possibilità e a diversi modi di pensare. Questo può significare provare nuove esperienze, impegnarsi in prospettive diverse ed essere aperti al cambiamento e alla crescita.

(10) Mostrare compassione verso se stessi e verso gli altri. Esempio: Praticare la gentilezza, la comprensione e il perdono verso se stessi e gli altri. Ciò può comportare il riconoscimento e l'accettazione dei propri difetti e dei propri errori, nonché l'offerta di sostegno ed empatia a chi ci circonda.

4.5. INTEGRARE GLI ASPETTI OMBRA DEL CONTROLLO

Quando si tratta di comprendere il concetto di controllo, sia nello stoicismo che nel lavoro con le ombre, è fondamentale riconoscere che ci sono parti di noi stessi di cui non sempre siamo consapevoli o con cui ci sentiamo a nostro agio. Queste parti sono note come aspetti ombra, ovvero gli aspetti della nostra psiche che tendiamo a reprimere o a negare. Nel contesto del controllo, questi aspetti ombra possono apparire come tendenze manipolative, un eccessivo bisogno di potere o la paura di perdere il controllo. È essenziale integrare questi aspetti ombra del controllo per raggiungere la pace interiore e l'equilibrio.

Nello Stoicismo, la dicotomia del controllo ci insegna che ci sono cose che rientrano nel nostro controllo e cose che ne sono fuori. Abbracciando questo principio, possiamo iniziare a riconoscere quando il nostro desiderio di controllo nasce da un luogo di paura o insicurezza. È qui che il lavoro con le ombre diventa prezioso. Approfondendo i nostri aspetti ombra del controllo, possiamo scoprire le paure e le insicurezze sottostanti che guidano il nostro bisogno di controllo. Questa autoconsapevolezza ci permette di liberare la presa che questi aspetti ombra hanno su di noi.

Un modo efficace per integrare gli aspetti ombra del controllo è l'autoriflessione e l'introspezione. Esplorando le nostre convinzioni e i nostri comportamenti relativi al controllo, possiamo iniziare a identificare le motivazioni o le paure inconsce che li guidano. Per esempio, chi cerca costantemente di controllare gli altri può scoprire che alla base di questo comportamento c'è la paura della vulnerabilità. Riconoscendo e accettando questa paura, può iniziare a lasciar andare il bisogno di un controllo eccessivo.

Un altro aspetto importante dell'integrazione degli aspetti ombra del controllo è imparare a rilasciare gli attaccamenti malsani. Ciò include l'attaccamento ai risultati, alle persone o alle situazioni. Nello Stoicismo si pone una forte enfasi sulla coltivazione della tranquillità e dell'equanimità interiori, indipendentemente dalle circostanze esterne. Il lavoro con le ombre ci aiuta a scoprire gli attaccamenti sottostanti che alimentano il nostro bisogno di controllo e ci insegna a liberarli con compassione e comprensione.

Inoltre, l'integrazione degli aspetti ombra del controllo comporta la trasformazione della paura e dell'ansia in accettazione e abbandono. Spesso cerchiamo il controllo come mezzo per alleviare le nostre paure e ansie, ma questo non fa che perpetuarle. Accogliendo i nostri aspetti ombra legati al controllo, possiamo imparare a gestire queste emozioni con consapevolezza e accettazione stoica. Questo ci permette di passare da un luogo di controllo basato sulla paura a un approccio alla vita più equilibrato e arrendevole.

Integrare gli aspetti ombra del controllo significa trovare un equilibrio armonioso tra la capacità di agire nella nostra vita e l'accettazione dell'incertezza intrinseca del mondo. Riconoscendo e lavorando con i nostri aspetti ombra, possiamo coltivare un maggiore senso di pace interiore, resilienza e libertà emotiva. Questa integrazione ci permette di affrontare il mondo da una posizione di potere e di autenticità, invece di reagire in base a un bisogno di controllo basato sulla paura.

Incorporando i principi dello stoicismo e le intuizioni del lavoro con le ombre, possiamo sviluppare una comprensione più completa del controllo e del suo ruolo nella nostra vita. Questa integrazione ci permette di coltivare un rapporto più sano con il controllo, fondato sulla consapevolezza di sé, sull'accettazione e sulla resilienza. Integrando questi aspetti ombra, creiamo spazio per la crescita, la trasformazione e un senso più profondo di armonia interiore.

METTERE IN PRATICA

(1) Esercitare l'autoriflessione e l'introspezione per identificare le motivazioni e le paure inconsce legate al controllo. Esempio: Prendetevi del tempo ogni giorno per scrivere un diario e riflettere sulle situazioni in cui avete sentito il bisogno di controllo. Esplorate le paure e le insicurezze sottostanti che possono guidare questo comportamento. Prendendo coscienza di questi aspetti ombra, potete iniziare a liberarli.

(2) Lasciare andare gli attaccamenti malsani a risultati, persone o situazioni. Esempio: Identificate un risultato specifico o una persona che vi sentite eccessivamente attaccati a controllare. Esercitatevi a lasciar andare il vostro attaccamento ricordandovi che non potete controllare tutto. Coltivate un senso di accettazione e fiducia nel flusso naturale della vita.

(3) Trasformare la paura e l'ansia legate al controllo in accettazione e abbandono. Esempio: Quando avvertite un senso di paura o di ansia per una situazione, fate una pausa e respirate profondamente. Riconoscete la paura senza cercare di controllarla. Esercitatevi ad accettare l'incertezza e ad abbandonarvi al momento presente.

(4) Coltivare la pace interiore e l'equanimità attraverso la pratica dei principi stoici. Esempio: Incorporare pratiche stoiche come la meditazione mindfulness, gli esercizi di gratitudine e la concentrazione su ciò che è sotto il proprio controllo. Sviluppare una

routine quotidiana che includa queste pratiche per coltivare la pace interiore e la resilienza.

(5) Impegnarsi con il mondo da un luogo di potere e autenticità. Esempio: Prima di affrontare una situazione, fermatevi a riflettere sulle vostre intenzioni. Chiedetevi se le vostre azioni sono guidate da un bisogno di controllo basato sulla paura o se sono in linea con i vostri valori autentici. Scegliete di agire da un luogo di potere e autenticità.

(6) Creare spazio per la crescita e la trasformazione integrando gli aspetti ombra del controllo. Esempio: Cercate opportunità per affrontare e abbracciare i vostri aspetti ombra legati al controllo. Partecipate a sessioni di terapia o di coaching per esplorare e integrare questi aspetti. Così facendo, potrete sperimentare la crescita e la trasformazione personale.

(7) Sviluppare una comprensione olistica del controllo integrando i principi dello stoicismo e del lavoro con le ombre. Esempio: Leggere libri o partecipare a seminari che approfondiscono la filosofia stoica e il lavoro sull'ombra. Cercate di capire i principi sottostanti e come possono lavorare insieme per fornire una prospettiva più completa sul controllo. Applicate queste intuizioni nella vostra vita quotidiana.

(8) Favorire l'autoconsapevolezza, l'accettazione e la resilienza nel rapporto con il controllo. Esempio: Controllate regolarmente i vostri schemi di pensiero e i comportamenti legati al controllo. Praticate l'autocompassione e l'accettazione quando notate questi schemi. Coltivate la resilienza ricordandovi che avete la capacità di liberarvi dal bisogno di controllo eccessivo.

5. Mindfulness e mente stoica: Osservare pensieri ed emozioni

5.1. SVILUPPARE PRATICHE DI MINDFULNESS

Lo sviluppo di pratiche di mindfulness gioca un ruolo cruciale nell'incorporare i principi stoici e il lavoro delle ombre nella nostra vita quotidiana. La mindfulness è la pratica di essere pienamente consapevoli dei nostri pensieri, sentimenti, sensazioni corporee e del mondo che ci circonda in ogni momento. È un aspetto fondamentale sia dello stoicismo che del lavoro con le ombre e, affinando le nostre capacità di mindfulness, possiamo ottenere una comprensione più profonda di noi stessi e del mondo, che porta alla pace interiore e alla resilienza.

Un modo efficace per coltivare la consapevolezza è la meditazione quotidiana. Impegnandoci nella meditazione, possiamo calmare la mente, osservare i nostri pensieri senza attaccamento e coltivare un senso di calma interiore. Anche dedicare pochi minuti al giorno alla meditazione può aiutarci a rafforzare la nostra capacità di essere presenti e di staccarci dal costante chiacchiericcio mentale. Questa pratica è particolarmente utile quando si affrontano emozioni

impegnative e aspetti ombra, in quanto fornisce uno spazio non giudicante per l'osservazione e l'autoriflessione.

Oltre alla meditazione formale, possiamo portare la mindfulness nelle nostre attività quotidiane. Si tratta di concentrarsi completamente sui compiti da svolgere, sia che si tratti di consumare un pasto, di fare una passeggiata o di impegnarsi in una conversazione. Grazie all'impegno consapevole in queste attività, possiamo sviluppare un apprezzamento più profondo per il momento presente e rafforzare la nostra capacità di rimanere radicati e centrati anche nei momenti difficili.

Un altro aspetto dello sviluppo delle pratiche di mindfulness consiste nel coltivare la consapevolezza delle nostre risposte emotive. Prestando attenzione a come le emozioni si manifestano nel nostro corpo e osservando gli schemi di pensiero che le accompagnano, possiamo acquisire una maggiore comprensione del nostro panorama emotivo. Questa maggiore consapevolezza ci permette di rispondere alle nostre emozioni con intenzione e discernimento, anziché reagire impulsivamente.

Anche le tecniche di mindfulness stoica offrono spunti preziosi per coltivare le pratiche di mindfulness. Per esempio, la pratica della visualizzazione negativa, che consiste nell'immaginare la perdita di qualcosa che apprezziamo, può aiutarci ad apprezzare il momento presente e a costruire la resilienza di fronte alle avversità. Allo stesso modo, la contemplazione della natura delle cose, come sostenuto dai filosofi stoici, ci incoraggia a riflettere sull'impermanenza della vita e sulla natura transitoria delle nostre esperienze, favorendo la consapevolezza e l'accettazione.

È importante riconoscere e accogliere gli aspetti ombra nelle nostre pratiche di mindfulness. Ciò significa essere disposti a confrontarsi con emozioni, pensieri e schemi scomodi senza giudicare o evitare. Integrando gli aspetti ombra nelle nostre pratiche di mindfulness, possiamo approfondire la comprensione di noi stessi e scoprire fonti nascoste di forza e saggezza interiore.

Lo sviluppo di pratiche di mindfulness è essenziale per integrare i principi stoici e il lavoro delle ombre nella nostra vita. Attraverso la meditazione, l'impegno consapevole nelle attività quotidiane, la consapevolezza emotiva e le intuizioni delle tecniche stoiche, possiamo migliorare la nostra capacità di rimanere presenti, centrati e resistenti di fronte alle sfide della vita. Abbracciare gli aspetti dell'ombra all'interno delle nostre pratiche di mindfulness ci permette di approfondire la nostra autoconsapevolezza e di adottare un approccio più completo alla crescita e allo sviluppo personale.

METTERE IN PRATICA

(1) Sviluppare una routine di meditazione quotidiana. Esempio: Dedicare 10 minuti ogni mattina per sedersi in meditazione silenziosa. Concentratevi sul respiro e osservate i vostri pensieri senza giudicarli. Con il tempo, questa pratica vi aiuterà a coltivare la calma interiore e a essere più presenti nel momento, anche nelle situazioni difficili.

(2) Praticare la consapevolezza nelle attività quotidiane. Esempio: Quando mangiate un pasto, prendetevi il tempo per coinvolgere completamente i vostri sensi. Notate i sapori, la consistenza e gli odori del cibo. Evitate le distrazioni e apprezzate ogni boccone, assaporando l'esperienza. In questo modo si rafforza la connessione con il momento presente e si favorisce un senso di gratitudine più profondo.

(3) Coltivare la consapevolezza delle risposte emotive. Esempio: Ogni volta che notate l'insorgere di una forte emozione, fermatevi e prendetevi un momento per osservare come la sentite nel vostro corpo. Notate i pensieri o gli schemi che la accompagnano. Sviluppando questa consapevolezza, potete scegliere come rispondere alle vostre emozioni invece di reagire automaticamente, consentendovi azioni più intenzionali e consapevoli.

(4) Praticare la visualizzazione negativa. Esempio: Dedicate ogni giorno un po' di tempo a immaginare la perdita di qualcosa di importante, come una persona cara o un bene prezioso. Riflettere sull'impermanenza della vita e coltivare la gratitudine per ciò che si ha nel momento presente. Questo esercizio può aiutare a sviluppare la resilienza e l'apprezzamento per ciò che si ha, favorendo una mentalità di consapevolezza e accettazione.

(5) Abbracciare gli aspetti ombra all'interno delle pratiche di mindfulness. Esempio: Quando durante la meditazione o le attività

quotidiane sorgono emozioni o pensieri spiacevoli, invece di evitarli o giudicarli, lasciatevi coinvolgere da loro con curiosità e compassione. Esplorate ciò che potrebbero cercare di mostrarvi su di voi e accoglieteli come preziose fonti di autocomprensione e di crescita. Questa integrazione degli aspetti ombra approfondirà le vostre pratiche di mindfulness e porterà a un approccio più olistico alla crescita personale.

(6) Riflettere sulla transitorietà delle esperienze. Esempio: Dedicate ogni settimana del tempo a contemplare l'impermanenza della vita e la natura temporanea di tutte le esperienze. Questa riflessione può aiutarvi a sviluppare un senso di distacco e di non attaccamento, permettendovi di affrontare con equanimità sia le esperienze piacevoli che quelle difficili. Riconoscendo la natura fugace delle cose, si può coltivare un senso più profondo di consapevolezza e accettazione nella vita quotidiana.

(7) Riconoscere e affrontare continuamente emozioni e pensieri scomodi. Esempio: Ogni volta che notate sensazioni di disagio o schemi di pensiero negativi, prendetevi un momento per riconoscerli senza giudicarli. Invece di respingerli o di distrarli, offrite loro spazio per l'esplorazione e la comprensione. Questa pratica approfondirà la vostra autoconsapevolezza e farà emergere fonti nascoste di forza e saggezza dentro di voi.

5.2. TESTIMONIARE I PENSIERI SENZA GIUDICARE

Quando si pratica lo stoicismo e il lavoro con le ombre, un aspetto importante dello sviluppo della consapevolezza e dell'autoconsapevolezza è il concetto di "testimoniare i pensieri senza giudicare". Questa pratica consiste nell'osservare i nostri pensieri e le nostre emozioni senza attribuire loro giudizi di valore. Invece di etichettare i nostri pensieri come buoni o cattivi, li riconosciamo semplicemente nel momento in cui si presentano, permettendoci di acquisire una comprensione più profonda di noi stessi.

Assistendo ai nostri pensieri senza giudicarli, creiamo uno spazio per l'autoriflessione e l'introspezione. Questo ci permette di diventare più consapevoli degli schemi e delle tendenze che danno forma al nostro comportamento e alle nostre emozioni. Osservando i nostri pensieri senza dare giudizi, possiamo comprendere le cause profonde delle nostre paure, insicurezze e aspetti ombra, che spesso sono nascosti sotto la superficie della nostra coscienza.

La pratica della consapevolezza non giudicante dei nostri pensieri ci aiuta anche a coltivare un senso di distacco da essi. Invece di rimanere invischiati nei nostri pensieri e di permettere loro di controllare le nostre azioni, possiamo vederli in modo obiettivo e neutrale. Questo favorisce la chiarezza mentale e la stabilità emotiva, aiutandoci a rispondere alle situazioni difficili con compostezza e saggezza.

Inoltre, assistere ai pensieri senza giudicare ci permette di sviluppare un rapporto più compassionevole e comprensivo con noi stessi. Invece di criticare e rimproverare noi stessi per i nostri pensieri ed emozioni, possiamo affrontarli con curiosità e accettazione. Questa auto-osservazione compassionevole crea un ambiente favorevole alla crescita personale e alla guarigione, permettendoci di affrontare i nostri aspetti ombra con gentilezza ed empatia.

Per illustrare questa pratica, immaginate una situazione in cui provate rabbia nei confronti di un collega di lavoro. Invece di reagire immediatamente, prendetevi un momento per assistere ai pensieri e ai sentimenti che sorgono senza giudicare. Osservate le sensazioni fisiche del vostro corpo, i pensieri specifici che scatenano la vostra rabbia e le paure o insicurezze sottostanti che possono contribuire a questa risposta emotiva. Grazie a questa osservazione non giudicante, potete comprendere gli aspetti ombra della vostra personalità che si attivano in questa situazione, come la paura di essere inadeguati o il bisogno di essere confermati.

Coltivando la capacità di assistere ai pensieri senza giudicarli, si è in grado di rispondere alle situazioni difficili con saggezza ed equanimità. Questa pratica approfondisce la consapevolezza del proprio paesaggio interiore, favorendo la crescita personale e l'integrazione di sé. Continuando a sviluppare questa abilità, scoprirete di poter navigare nelle complessità del vostro mondo interiore con grazia e resilienza, portando infine a un modo di essere più armonioso e consapevole.

METTERE IN PRATICA

(1) Praticare la consapevolezza non giudicante dei pensieri e delle emozioni. Esempio: Invece di etichettare i pensieri come buoni o cattivi, osservateli semplicemente senza attribuire giudizi di valore. Per esempio, quando ci si sente ansiosi, riconoscere i pensieri ansiosi senza giudicarsi per averli provati.

(2) Creare uno spazio per l'autoriflessione e l'introspezione. Esempio: Dedicate ogni giorno del tempo alla contemplazione silenziosa, permettendovi di osservare e riflettere sui vostri pensieri ed emozioni. Questo può essere fatto al mattino prima di iniziare la giornata o alla sera prima di andare a letto.

(3) Coltivare un senso di distacco dai pensieri. Esempio: Invece di farsi prendere dai pensieri e lasciare che siano loro a dettare le azioni, esercitarsi a considerarli da un punto di vista oggettivo e neutrale. Per esempio, di fronte a una decisione impegnativa, fate un passo indietro e valutate la situazione senza attaccarvi emotivamente alle diverse opzioni.

(4) Avvicinarsi ai pensieri e alle emozioni con curiosità e accettazione. Esempio: Quando sorgono pensieri o emozioni negative, invece di criticarvi, affrontateli con un senso di curiosità e accettazione. Chiedetevi perché vi sentite in quel modo ed esplorate le cause sottostanti senza giudicare.

(5) Utilizzate l'osservazione non giudicante per comprendere gli aspetti ombra della vostra personalità. Esempio: Quando provate una forte reazione emotiva, come la rabbia nei confronti di un collega, prendetevi un momento per osservare i pensieri, le emozioni e le sensazioni fisiche senza giudicare. Riflettete su quali paure o insicurezze possono contribuire a questa reazione e considerate come si allineano con i vostri aspetti ombra.

(6) Poter rispondere alle situazioni difficili con saggezza ed equanimità. Esempio: In situazioni che scatenano forti emozioni, fate

una pausa e scegliete consapevolmente come rispondere piuttosto che reagire impulsivamente. Osservando i vostri pensieri e le vostre emozioni senza giudicare, potete prendere decisioni più informate e fondate.

(7) Sviluppare una consapevolezza più profonda del proprio paesaggio interiore. Esempio: Impegnarsi regolarmente in pratiche come la meditazione o il diario per esplorare e comprendere i propri pensieri, emozioni e modelli di comportamento. Questa autoconsapevolezza vi aiuterà a fare scelte consapevoli e in linea con i vostri valori e obiettivi.

(8) Favorire la crescita personale e l'integrazione di sé attraverso l'osservazione compassionevole di sé. Esempio: Invece di essere critici o severi con voi stessi, praticate l'autocompassione quando vi trovate di fronte a pensieri o emozioni difficili. Trattatevi con gentilezza ed empatia mentre esplorate e affrontate i vostri aspetti ombra.

(9) Navigare nelle complessità del proprio mondo interiore con grazia e resilienza. Esempio: Quando vi trovate di fronte a situazioni difficili, attingete alla vostra pratica di consapevolezza non giudicante per affrontarle con compostezza e stabilità emotiva. Coltivando questa abilità, sarà più facile mantenere un senso di equilibrio e armonia nella propria vita.

(10) Coltivare un modo di essere consapevole attraverso lo sviluppo continuo della testimonianza dei pensieri senza giudizio. Esempio: Impegnatevi a rendere questa pratica parte della vostra vita quotidiana, impegnandovi costantemente nell'auto-riflessione e osservando i vostri pensieri ed emozioni senza giudizio. Con il tempo, questa pratica diventerà un'abitudine naturale e radicata, che porterà a un modo di vivere più consapevole e appagante.

5.3. TECNICHE DI MINDFULNESS STOICA

Le tecniche di mindfulness stoica sono strumenti incredibilmente potenti che possono aiutarci a coltivare la resilienza emotiva e ad affrontare le sfide della vita con un senso di calma ed equanimità. Queste tecniche attingono all'antica saggezza dello stoicismo, che sottolinea l'importanza di vivere nel momento presente e di riconoscere la natura temporanea dei nostri pensieri e delle nostre emozioni.

Una delle tecniche chiave della mindfulness stoica si chiama "premeditatio malorum", ovvero la premeditazione dei mali. Questa pratica consiste nel prepararsi mentalmente a potenziali sfide e avversità, immaginando gli scenari peggiori e considerando come rispondere con grazia e virtù.  Affrontando le nostre paure e le nostre ansie nella nostra mente, possiamo sviluppare un senso di preparazione e di forza interiore, che ci permette di affrontare le situazioni difficili con maggiore resilienza.

Un'altra tecnica di mindfulness stoica prevede la contemplazione di un saggio, una persona saggia e virtuosa. Riflettendo sulle qualità e sulle virtù di un individuo di questo tipo, possiamo trarre preziose indicazioni per coltivare saggezza, coraggio e moderazione nella nostra vita. Questa pratica può servire come fonte di ispirazione e guida, aiutandoci a navigare nelle complessità della vita con maggiore chiarezza e scopo.

Le tecniche stoiche di mindfulness sottolineano anche l'importanza di prestare attenzione al momento presente. Si tratta di essere consapevoli dei nostri pensieri e delle nostre emozioni senza essere eccessivamente attaccati o identificati con essi. Sviluppando un senso di distacco e di osservazione, possiamo sperimentare una maggiore pace interiore e tranquillità, anche di fronte alle avversità. Questa pratica si allinea al principio stoico dell'"apatheia", o equanimità emotiva, che ci incoraggia a coltivare uno stato di serenità ed equilibrio mentale.

Inoltre, l'autoesame svolge un ruolo centrale nelle tecniche stoiche di mindfulness. Si tratta di riflettere onestamente sui nostri pensieri, azioni e motivazioni per coltivare l'autoconsapevolezza e la crescita personale. Impegnandoci in questa pratica, possiamo scoprire schemi e motivazioni inconsci, permettendoci di fare scelte più consapevoli e intenzionali nella nostra vita.

Infine, le tecniche stoiche di mindfulness ci incoraggiano ad abbracciare il concetto di "amor fati", o amore per il destino. Questa pratica consiste nell'accettare e accogliere gli eventi e le circostanze che si presentano nella nostra vita, siano essi percepiti come positivi o negativi. Adottando una mentalità di accettazione e gratitudine per il momento presente, possiamo trovare un senso di pace e appagamento, anche in mezzo alle avversità.

Incorporando queste tecniche di mindfulness stoica nella nostra vita quotidiana, possiamo sviluppare un maggiore senso di resilienza emotiva, pace interiore e chiarezza. Queste pratiche offrono strumenti preziosi per affrontare le sfide della vita con grazia e saggezza, permettendoci di coltivare un profondo senso di autoconsapevolezza e forza interiore. In definitiva, l'integrazione delle tecniche di mindfulness stoica può portare a un modo di vivere più appagante e consapevole, fondato sulla saggezza senza tempo dello stoicismo.

METTERE IN PRATICA

(1) Praticare la premeditazione dei mali. Esempio: Prima di un colloquio di lavoro, immaginate gli scenari peggiori, come inciampare nelle parole o non rispondere bene alle domande. Preparatevi mentalmente su come reagirete con grazia e resilienza se si presentassero queste sfide.

(2) Riflettere sulle qualità e sulle virtù di una persona saggia e virtuosa. Esempio: Di fronte a una decisione difficile, chiedetevi come un saggio stoico affronterebbe la situazione. Considerate la loro saggezza, il loro coraggio e la loro temperanza e utilizzate queste intuizioni per affrontare le complessità della vita con maggiore chiarezza e scopo.

(3) Coltivare l'attenzione al momento presente. Esempio: Durante una situazione di stress, esercitatevi a essere consapevoli dei vostri pensieri e delle vostre emozioni senza attaccarvi troppo ad essi. Osservate con distacco e concentratevi sul momento presente, trovando pace interiore e tranquillità anche di fronte alle avversità.

(4) Impegnarsi nell'autoesame. Esempio: Prendetevi il tempo di riflettere sui vostri pensieri, azioni e motivazioni con onestà e introspezione. L'autoconsapevolezza permette di scoprire schemi e motivazioni inconsci, consentendo di fare scelte più consapevoli e intenzionali nella propria vita.

(5) Abbracciare il concetto di amor fati (amore per il destino). Esempio: Invece di opporre resistenza o risentimento agli eventi e alle circostanze della vostra vita, esercitatevi ad accettarli e ad accoglierli. Che siano percepiti come positivi o negativi, coltivate una mentalità di gratitudine e accettazione, trovando pace e soddisfazione nel momento presente.

5.4. COLTIVARE LA RESILIENZA EMOTIVA

Coltivare la resilienza emotiva è una parte essenziale dell'incorporazione dei principi stoici e del lavoro con le ombre nella nostra vita quotidiana. La resilienza emotiva ci permette di affrontare le inevitabili sfide e difficoltà con forza interiore e compostezza. Ci permette di riprenderci da situazioni difficili, di affrontare le nostre emozioni con coraggio e di mantenere un senso di stabilità in mezzo al caos.

Un aspetto fondamentale per sviluppare la resilienza emotiva è la pratica della mindfulness. Impegnandoci in esercizi di mindfulness, impariamo a osservare i nostri pensieri e le nostre emozioni senza giudicare. Questo crea uno spazio tra i nostri sentimenti e le nostre reazioni, permettendoci di rispondere alle situazioni con maggiore chiarezza e saggezza. Nel contesto dello stoicismo, la mindfulness ci aiuta a coltivare una mentalità stoica, a trovare la pace interiore e a sviluppare la resilienza emotiva di fronte alle avversità.

Anche abbracciare le emozioni ombra è un aspetto importante della pratica della resilienza emotiva. Il lavoro con le ombre ci incoraggia a esplorare gli aspetti più oscuri della nostra psiche, compresi i sentimenti di rabbia, paura e insicurezza. Riconoscendo queste emozioni, possiamo integrarle nella nostra consapevolezza cosciente e lavorarci in modo sano e produttivo. Accogliere con consapevolezza le nostre emozioni ombra ci permette di comprendere più a fondo noi stessi e di sviluppare la resilienza emotiva.

Inoltre, la costruzione della resilienza emotiva implica la trasformazione del dolore in crescita. Le avversità e le sfide sono inevitabili nella vita, ma è la nostra risposta ad esse che forma il nostro carattere. Le tecniche stoiche per la resilienza ci forniscono strumenti preziosi per rivedere le nostre prospettive e trasformare le difficoltà in opportunità di sviluppo personale. Adottando una mentalità stoica, possiamo trasformare la nostra sofferenza in un catalizzatore per la crescita e la resilienza.

Lo sviluppo della resistenza mentale ed emotiva è un altro aspetto cruciale della coltivazione della resilienza emotiva. Ciò implica la promozione di una forza interiore e di una fortezza che ci permetta di affrontare le difficoltà della vita con coraggio e determinazione. Le pratiche stoiche, come la visualizzazione negativa e la premeditatio malorum, ci permettono di prepararci mentalmente ed emotivamente alle potenziali sfide, migliorando così la nostra resilienza di fronte alle avversità.

Infine, abbracciare gli aspetti ombra della resilienza è una parte vitale del processo di integrazione. La nostra ombra contiene punti di forza nascosti e risorse non sfruttate che possono contribuire alla nostra resilienza emotiva. Riconoscendo e integrando questi aspetti ombra, possiamo scoprire riserve nascoste di resilienza che ci sostengono nei momenti di difficoltà.

Coltivare la resilienza emotiva attraverso l'integrazione dello stoicismo e del lavoro sull'ombra è un viaggio trasformativo che ci permette di affrontare le sfide della vita con grazia e forza d'animo. Praticando la consapevolezza, abbracciando le nostre emozioni ombra, trasformando il dolore in crescita e costruendo la resistenza mentale ed emotiva, sviluppiamo la capacità di affrontare le avversità con coraggio e resilienza. In definitiva, il percorso di coltivazione della resilienza emotiva è profondo e potenziante, e porta alla crescita personale e alla forza interiore.

METTERE IN PRATICA

(1) Praticare la mindfulness per sviluppare la resilienza emotiva. Esempio: Prendetevi 10 minuti ogni mattina per sedervi in silenzio e osservare i vostri pensieri e le vostre emozioni senza giudicare. Questo aiuta a creare uno spazio tra i sentimenti e le reazioni, consentendo di rispondere alle situazioni difficili con chiarezza e saggezza.

(2) Abbracciare le emozioni ombra per una maggiore consapevolezza di sé e una maggiore resilienza. Esempio: Quando provate rabbia o paura, invece di respingere queste emozioni, prendetevi un momento per riconoscerle ed esplorarle. Scrivete un diario sulle emozioni, sulle cause che le hanno scatenate e sulle convinzioni o esperienze sottostanti che possono averle generate. Questo processo aiuta a integrare le emozioni nella vostra consapevolezza, consentendovi di affrontarle in modo sano e produttivo.

(3) Riformulare le prospettive e considerare le sfide come opportunità di crescita personale. Esempio: Quando vi trovate di fronte a una situazione difficile o impegnativa, scegliete consapevolmente di vederla come un'opportunità di crescita e di apprendimento. Chiedetevi: "Cosa posso imparare da questa esperienza? Come posso usarla per diventare una versione migliore di me stesso?". Questo cambio di prospettiva aiuta a trasformare il dolore in motivazione e resilienza.

(4) Sviluppare la durezza mentale ed emotiva attraverso pratiche stoiche. Esempio: Praticare la visualizzazione negativa immaginando gli scenari peggiori e preparandosi mentalmente ad affrontarli. Impegnarsi nella premeditatio malorum, in cui si visualizzano potenziali sfide e contrattempi prima che si verifichino e si pianifica come reagire ad essi. Questo rafforza la vostra resilienza mentale ed emotiva, consentendovi di affrontare le avversità con coraggio e determinazione.

(5) Abbracciare e integrare gli aspetti ombra della resilienza. Esempio: Prendetevi del tempo per riflettere sui vostri punti di forza nascosti e sulle risorse non sfruttate. Identificate le qualità o le abilità che

potreste aver trascurato o ignorato in passato. Abbracciate questi aspetti ombra e riconosceteli come strumenti preziosi per costruire la resilienza di fronte alle avversità.

5.5. ABBRACCIARE LE EMOZIONI OMBRA IN MODO CONSAPEVOLE

Quando si tratta di integrare lo stoicismo e il lavoro con le ombre, una delle componenti chiave è imparare ad accogliere con consapevolezza le emozioni ombra. Le emozioni ombra sono quelle che spesso cerchiamo di mettere da parte, ignorare o addirittura negare perché ci fanno sentire a disagio o vulnerabili. Tuttavia, queste emozioni contengono preziose intuizioni sul nostro mondo interiore e, se affrontate con consapevolezza, possono essere catalizzatori di crescita personale.

Accogliere le emozioni ombra in modo consapevole significa riconoscere e affrontare queste emozioni senza giudizio o resistenza. Si tratta di creare uno spazio dentro di noi per accogliere queste emozioni, esplorare le loro origini e comprendere i messaggi che portano con sé. Questo processo richiede una profonda autoconsapevolezza, coraggio e compassione verso noi stessi. Invece di cercare di sfuggire o di anestetizzare queste emozioni, si tratta di imparare a sedersi con il disagio e l'incertezza.

Un modo per esercitarsi ad accogliere le emozioni ombra in modo consapevole è la meditazione mindfulness. Rivolgendo la nostra attenzione al momento presente e osservando le nostre emozioni senza lasciarci coinvolgere da esse, possiamo sviluppare un senso di distacco e di non reattività. Questo ci permette di vedere le emozioni per quello che sono veramente: sensazioni passeggere nel nostro corpo e pensieri fugaci nella nostra mente. Osservando queste emozioni con una consapevolezza non giudicante, possiamo coltivare un rapporto più compassionevole e accettante con esse.

Un altro aspetto dell'abbracciare le emozioni ombra in modo consapevole è l'esplorazione delle convinzioni e dei traumi sottostanti che contribuiscono a queste emozioni. Ciò richiede la volontà di impegnarsi nell'autoriflessione e di scavare nelle profondità del nostro io. Facendo luce sulle ombre della nostra psiche, possiamo scoprire le cause profonde dei nostri schemi emotivi e iniziare a guarire le ferite sepolte dentro di noi. Questo processo può essere impegnativo e scomodo, ma è necessario per una vera trasformazione e integrazione.

Inoltre, abbracciare le emozioni ombra in modo consapevole implica anche la pratica dell'autocompassione. È importante riconoscere che queste emozioni sono una parte naturale dell'esperienza umana e non ci definiscono. Offrendo a noi stessi gentilezza, comprensione e sostegno nei momenti di difficoltà emotiva, possiamo creare uno spazio sicuro in cui queste emozioni possano emergere ed essere elaborate.

Un esempio di come accogliere le emozioni ombra in modo consapevole può essere quando proviamo vergogna o un senso di indegnità. Invece di respingere queste emozioni o di rimanere invischiati in pensieri autocritici, possiamo adottare un approccio consapevole. Possiamo fermarci e notare le sensazioni del nostro corpo, i pensieri della nostra mente e le convinzioni di fondo che possono alimentare queste emozioni. Attraverso questo processo, possiamo iniziare a svelare le complessità del nostro mondo interiore e a sviluppare un rapporto più compassionevole e più forte con noi stessi.

Accogliere con consapevolezza le emozioni ombra è una parte fondamentale del viaggio verso l'integrazione e la scoperta di sé. Avvicinandoci a queste emozioni con consapevolezza, autocompassione e disponibilità a esplorarle in profondità, possiamo sbloccare il potere trasformativo che risiede nelle nostre ombre. Questo processo ci permette di abbracciare l'intero spettro delle nostre esperienze emotive e di coltivare un senso più profondo di completezza e autenticità nella nostra vita.

> **METTERE IN PRATICA**
>
> (1) Praticare la meditazione mindfulness per coltivare il distacco e la non reattività nei confronti delle emozioni ombra. Esempio: Prendetevi 10 minuti al giorno per sedervi in uno spazio tranquillo e concentrarvi sul vostro respiro. Quando sorgono le emozioni, osservatele senza giudicarle o attaccarle, lasciando che vadano e vengano come sensazioni passeggere. Questa pratica aiuta a sviluppare un senso di distacco e di non reattività nei confronti delle emozioni ombra.
> (2) Impegnarsi nell'autoriflessione e nel lavoro interiore per esplorare le convinzioni e i traumi sottostanti che contribuiscono alle emozioni ombra. Esempio: Dedicate del tempo ogni settimana per scrivere un diario e riflettere sulle vostre emozioni e su eventuali schemi o fattori scatenanti ricorrenti. Approfondite la comprensione delle convinzioni e dei traumi sottostanti che possono influenzare queste emozioni. Se necessario, chiedete il supporto di un terapeuta o di un coach per facilitare questo processo.
> (3) Coltivare l'autocompassione nei momenti di difficoltà emotiva, offrendo gentilezza, comprensione e sostegno a se stessi. Esempio: Quando vi trovate di fronte a sentimenti di vergogna o indegnità, ricordate a voi stessi che queste emozioni sono una parte naturale dell'esperienza umana e non definiscono il vostro valore. Praticate l'autocompassione parlandovi con gentilezza, offrendo parole di incoraggiamento e comprensione. Trattate voi stessi con la stessa compassione e lo stesso sostegno che dareste a una persona cara.
> (4) Creare uno spazio sicuro in cui le emozioni ombra possano emergere ed essere elaborate senza giudizio o resistenza. Esempio: Designate un'area specifica della vostra casa come "spazio sicuro" dove ritirarvi quando provate emozioni intense. Riempite questo spazio con oggetti confortanti, come candele, coperte o musica rilassante. Quando vi sentite sopraffatti, visitate questo spazio per permettere alle vostre emozioni di emergere ed essere elaborate senza giudizio o resistenza.
> (5) Accogliere il disagio e l'incertezza imparando a sedersi con le emozioni ombra invece di cercare di sfuggirle o anestetizzarle. Esempio: Quando incontrate emozioni difficili, resistete all'impulso

di distrarvi o di anestetizzare il disagio. Invece, esercitatevi a stare seduti con queste emozioni e a permettere loro di essere presenti senza cercare un sollievo immediato. Ricordatevi che il disagio e l'incertezza sono parti naturali della crescita e della trasformazione personale.

6. Costruire la resilienza: Affrontare le avversità con saggezza stoica

6.1. COMPRENDERE LA NATURA DELLE SFIDE

La vita ci presenta diverse sfide, grandi e piccole, che mettono alla prova la nostra forza e la nostra resistenza. Quando si tratta di comprendere l'essenza delle sfide, lo stoicismo fornisce intuizioni preziose che possono aiutarci a superare con grazia e saggezza i momenti difficili.

Un principio fondamentale dello stoicismo è quello di riconoscere ciò che è sotto il nostro controllo e ciò che non lo è. Questa comprensione diventa particolarmente importante quando ci troviamo di fronte a delle sfide, in quanto ci ricorda di indirizzare la nostra energia verso cose che possiamo effettivamente influenzare. Guardando le sfide attraverso una lente stoica, possiamo imparare ad accettare gli inevitabili ostacoli che ci si presentano, piuttosto che resistere o lottare contro di essi.

Inoltre, lo stoicismo ci spinge a percepire le sfide come opportunità di crescita personale e di auto-miglioramento. Invece di sentirci sopraffatti dalle avversità, la filosofia stoica ci insegna ad affrontare le sfide con determinazione e resilienza. Ridefinendo la nostra prospettiva sulle sfide, possiamo vederle come opportunità per nutrire le nostre virtù, coltivare la forza emotiva e approfondire la nostra autoconsapevolezza.

Inoltre, la comprensione dell'essenza delle sfide implica il riconoscimento dell'impermanenza di queste lotte. Lo stoicismo ci ricorda che tutte le cose sono transitorie, comprese le nostre difficoltà. Questa prospettiva ci garantisce un senso di prospettiva e di conforto, sapendo che anche le sfide più difficili alla fine passeranno.

Una tecnica pratica di origine stoica per comprendere l'essenza delle sfide è la pratica della visualizzazione negativa. Questo esercizio consiste nel contemplare lo scenario peggiore di una situazione, il che può sembrare inizialmente controintuitivo. Tuttavia, immaginando le potenziali sfide e difficoltà che potremmo affrontare, possiamo prepararci mentalmente e sviluppare la resilienza di fronte alle avversità. Questa pratica non solo ci aiuta ad affrontare le nostre paure, ma favorisce anche la gratitudine per il momento presente, poiché ci rendiamo conto che le cose potrebbero andare molto peggio.

Oltre alla filosofia stoica, anche il lavoro sull'ombra svolge un ruolo fondamentale nella comprensione dell'essenza delle sfide. Scavando nei nostri aspetti ombra, possiamo scoprire paure profonde, insicurezze e schemi negativi che possono contribuire alla nostra percezione e al nostro approccio alle sfide. Il lavoro con le ombre ci spinge a esaminare come le esperienze passate e le emozioni sepolte influenzano la nostra risposta agli ostacoli, permettendoci di comprendere più a fondo le nostre reazioni e il nostro comportamento.

Combinando la saggezza dello stoicismo con la pratica introspettiva del lavoro con le ombre, possiamo raggiungere una comprensione completa dell'essenza delle sfide. Abbracciare la natura inevitabile delle avversità, considerare le sfide come opportunità di crescita, riconoscere la loro impermanenza ed esplorare gli aspetti nascosti della nostra psiche contribuiscono ad un approccio equilibrato e resiliente agli ostacoli della vita.

Comprendere l'essenza delle sfide attraverso la lente dello stoicismo e del lavoro con le ombre ci fornisce gli strumenti per affrontare le difficoltà con coraggio, accettazione e consapevolezza di sé. Ci permette di coltivare una mentalità resiliente e compassionevole, che ci consente di affrontare le inevitabili prove della vita con grazia e forza d'animo.

METTERE IN PRATICA

(1) Distinguere tra ciò che è sotto il proprio controllo e ciò che non lo è. Ciò significa riconoscere gli aspetti di una sfida che potete influenzare e riorientare le vostre energie verso quelle aree. Esempio: Quando affrontate un progetto di lavoro difficile, concentratevi sul vostro impegno e sul vostro atteggiamento, anziché stressarvi per fattori fuori dal vostro controllo, come le reazioni degli altri.

(2) Riformulare le sfide come opportunità di crescita e di miglioramento personale. Invece di essere sopraffatti dalle avversità, consideratele come un'opportunità per sviluppare le vostre virtù, la forza emotiva e la comprensione di voi stessi. Esempio: Quando si affronta una rottura, vederla come un'opportunità per conoscere meglio se stessi, i propri bisogni e ciò che si apprezza in una relazione.

(3) Abbracciare l'impermanenza delle sfide. Comprendete che tutte le difficoltà e le lotte sono temporanee e alla fine passeranno. Questa prospettiva permette di avere un senso di prospettiva e di conforto nel sapere che i momenti difficili non sono permanenti. Esempio: Quando si ha a che fare con un problema di salute, ricordarsi che si tratta solo di una battuta d'arresto temporanea e concentrarsi sui passi da compiere verso la guarigione e il benessere.

(4) Praticare la visualizzazione negativa. Contemplare lo scenario peggiore di una situazione per prepararsi mentalmente e sviluppare la resilienza di fronte alle avversità. Questo esercizio aiuta ad affrontare le paure e a coltivare la gratitudine per il momento presente. Esempio: Prima di un colloquio di lavoro impegnativo, immaginate il peggior risultato possibile, ad esempio non ottenere il lavoro. Questo può aiutare a prepararsi mentalmente a potenziali contrattempi e a minimizzare l'ansia.

(5) Impegnarsi nel lavoro sulle ombre. Esplorate le vostre paure nascoste, le insicurezze e gli schemi negativi che possono contribuire

al vostro modo di affrontare e percepire le sfide. Esaminando le esperienze passate e le emozioni sepolte, si può ottenere una comprensione più profonda delle proprie reazioni e del proprio comportamento. Esempio: Attraverso l'introspezione, scoprite e affrontate eventuali traumi irrisolti o insicurezze che possono ostacolare la vostra capacità di affrontare le sfide in modo efficace.

(6) Combinare stoicismo e lavoro sull'ombra per sviluppare una comprensione completa delle sfide. Accogliendo la natura inevitabile delle avversità, considerando le sfide come opportunità di crescita, riconoscendo la loro impermanenza e approfondendo i propri aspetti ombra, è possibile coltivare un approccio equilibrato e resiliente agli ostacoli della vita. Esempio: Di fronte a un grande cambiamento di vita, come il trasferimento in una nuova città, utilizzate i principi stoici per accettare e adattarvi alle sfide, impegnandovi al contempo nel lavoro sull'ombra per esaminare eventuali paure di fondo o resistenze al cambiamento.

6.2. TECNICHE STOICHE PER LA RESILIENZA

Gli stoici sono sempre stati ammirati per la loro capacità di affrontare le avversità con resilienza e forza d'animo. In questa sezione esploreremo alcune tecniche stoiche che possono aiutarvi a sviluppare la resilienza di fronte alle sfide della vita.

Una tecnica stoica efficace per la resilienza è la pratica della visualizzazione negativa. Si tratta di immaginare gli scenari peggiori che potrebbero presentarsi nella vita e prepararsi mentalmente ad affrontarli. Riconoscendo e accettando la possibilità di eventi difficili

e dolorosi, si può sviluppare un senso di resilienza mentale ed emotiva che permette di affrontare queste sfide con maggiore facilità. Riconoscendo gli aspetti meno desiderabili della vita e preparandosi ad affrontarli, si può coltivare un più forte senso di forza interiore e di stabilità.

Un'altra preziosa tecnica stoica per la resilienza è il concetto di trasformare gli ostacoli in opportunità. Gli stoici credevano che ogni sfida fosse un'occasione di crescita e di apprendimento. Questo cambiamento di mentalità può aiutarvi a rivedere le situazioni difficili in una luce più positiva, consentendovi di affrontarle con resilienza e determinazione. Accogliendo gli aspetti sfavorevoli della vita e considerandoli come opportunità di crescita personale, si può sviluppare la resilienza necessaria per riprendersi dalle avversità con maggiore facilità.

Gli stoici hanno anche sottolineato l'importanza di mantenere la tranquillità interiore e l'equanimità di fronte alle avversità. Ciò comporta la pratica di tecniche come la mindfulness e la meditazione per coltivare un senso di pace interiore e di resilienza emotiva. Imparando a osservare i propri pensieri e le proprie emozioni senza giudicare, si può sviluppare un senso di resilienza più forte di fronte alle sfide della vita. Riconoscendo e accettando le emozioni ombra, lasciandole passare senza farsi sopraffare, si può acquisire la capacità di affrontare le avversità con una mente calma e composta.

Inoltre, gli stoici sottolineavano l'importanza di mantenere la prospettiva di fronte alle avversità. Ciò comporta un passo indietro rispetto alla situazione immediata e una visione più ampia delle sfide che si stanno affrontando. Riconoscendo che la vita è piena di alti e bassi e che nessuna sfida è insormontabile, si può sviluppare un maggiore senso di resilienza che permette di affrontare le avversità con coraggio e determinazione. Riconoscendo e mettendo in prospettiva gli aspetti sfavorevoli della vita, si può sviluppare la resilienza necessaria per affrontare le sfide della vita con maggiore facilità.

Infine, gli stoici sottolineavano l'importanza di coltivare un senso di fiducia in se stessi di fronte alle avversità. Si tratta di riconoscere che si possiedono la forza e le risorse dentro di sé per affrontare le sfide della vita. Coltivando un senso di fiducia in se stessi e di forza interiore, si può sviluppare un maggiore senso di resilienza che permette di affrontare le avversità con fiducia e determinazione. Riconoscendo e accogliendo gli aspetti meno desiderabili di voi stessi come parte della vostra forza interiore, potete sviluppare la resilienza necessaria per affrontare le sfide della vita con maggiore facilità.

Praticando queste tecniche stoiche per la resilienza, potete coltivare un senso di forza interiore e di stabilità che vi permetterà di affrontare le sfide della vita con maggiore facilità e determinazione. L'integrazione del lavoro con le ombre e dei principi stoici può aiutarvi a sviluppare la resilienza necessaria per superare le avversità e prosperare di fronte alle sfide della vita.

METTERE IN PRATICA

(1) Praticare la visualizzazione negativa Esempio: Prendetevi qualche momento al giorno per immaginare gli scenari peggiori che potrebbero verificarsi nella vostra vita. Visualizzateli nei dettagli e immaginate di affrontarli con resilienza e forza d'animo. Questo esercizio vi aiuterà a prepararvi mentalmente ad affrontare le situazioni difficili e a costruire la vostra resilienza emotiva.

(2) Riformulare le sfide come opportunità di crescita Esempio: Ogni volta che incontrate una situazione difficile, ricordatevi consapevolmente che è un'opportunità di crescita e di apprendimento. Invece di vederla come una battuta d'arresto, affrontatela con una mentalità positiva e cercate le lezioni e le opportunità che presenta. Questo cambiamento di prospettiva vi aiuterà a sviluppare resilienza e determinazione di fronte alle avversità.

(3) Praticare la mindfulness e la meditazione per la pace interiore e la resilienza emotiva Esempio: Dedicate qualche minuto al giorno alla pratica della mindfulness o della meditazione. Durante questo tempo, concentratevi sull'osservazione dei vostri pensieri e delle vostre emozioni senza giudicare. Permettete a qualsiasi emozione o pensiero negativo di passare attraverso di voi senza essere sopraffatti. Con una pratica regolare, svilupperete un maggiore senso di calma e di resilienza emotiva, che vi aiuterà ad affrontare le sfide della vita con facilità.

(4) Mantenere la prospettiva di fronte alle avversità Esempio: Quando affrontate una situazione difficile, fate un passo indietro e ricordate a voi stessi che è solo una parte del vostro percorso di vita. Riflettete sugli alti e bassi che avete già vissuto e sulla capacità di

recupero che avete dimostrato in passato. Mettendo in prospettiva la sfida attuale, svilupperete il coraggio e la determinazione necessari per affrontarla con facilità.

(5) Coltivare la fiducia in se stessi e la forza interiore Esempio: Riconoscete che avete la forza e le risorse dentro di voi per affrontare qualsiasi sfida vi si presenti. Abbiate fiducia nelle vostre capacità e sviluppate un senso di fiducia in voi stessi. Abbracciate tutti gli aspetti di voi stessi, compresi quelli in ombra, perché contribuiscono alla vostra forza interiore. Coltivando la fiducia in se stessi, si costruisce la resilienza e si superano con sicurezza le avversità.

Incorporando gli insegnamenti pratici della filosofia stoica, avrete la possibilità di trasformare idee astratte in azioni concrete che vi aiuteranno a sviluppare la resilienza e a prosperare di fronte agli ostacoli della vita.

6.3. TRASFORMARE IL DOLORE IN CRESCITA

Nel cammino dello stoicismo e dell'esplorazione del nostro io, uno degli aspetti più cruciali è la capacità di trasformare il dolore in crescita personale. Il dolore è una parte inevitabile della vita, spesso derivante da varie fonti come perdite, fallimenti o avversità. Tuttavia, il modo in cui scegliamo di rispondere al dolore può fare la differenza nel nostro viaggio verso il miglioramento personale.

Affrontare il dolore evoca naturalmente una serie di emozioni come tristezza, rabbia o addirittura disperazione. Tuttavia, lo stoicismo ci insegna l'importanza di riconoscere queste emozioni e al tempo stesso il nostro potere di trasformarle in opportunità di crescita. Si tratta di capire che il dolore non è la fine della strada, ma piuttosto un trampolino di lancio verso l'evoluzione personale.

Una tecnica potente dello stoicismo per trasformare il dolore in crescita personale è la pratica dell'"amor fati" o amore per il destino. Questo concetto ci incoraggia ad abbracciare il nostro destino, per quanto impegnativo possa essere, e a usarlo come un'opportunità per imparare e crescere. Accettando e persino amando le sfide che ci si presentano, possiamo cambiare la nostra prospettiva sul dolore e vederlo come un catalizzatore per lo sviluppo personale.

Inoltre, anche il lavoro sull'ombra svolge un ruolo cruciale in questo processo di trasformazione. Scavando nelle profondità della nostra ombra e affrontando le cause profonde del nostro dolore, possiamo scoprire intuizioni preziose che possono portare a una profonda crescita personale. Quando affrontiamo e integriamo i nostri aspetti ombra, possiamo trovare un significato nella nostra sofferenza e usarla come catalizzatore per un cambiamento positivo.

Di fronte al dolore, è essenziale coltivare la resilienza, sia mentale che emotiva. Si tratta di sviluppare la forza interiore per affrontare il dolore a testa alta e la determinazione a perseverare attraverso le avversità. Lo stoicismo fornisce strumenti e principi preziosi per costruire la resilienza, come la pratica della dicotomia del controllo e la concentrazione su ciò che è in nostro potere cambiare. Abbracciando la mentalità stoica della resilienza, possiamo attraversare il dolore con coraggio e forza d'animo.

Inoltre, trasformare il dolore in crescita richiede un cambiamento di prospettiva. Invece di vedere il dolore come un'esperienza puramente negativa, lo stoicismo ci incoraggia a riformularlo come un'opportunità di crescita e di scoperta di sé. Coltivando una mentalità di crescita e imparando dal dolore, possiamo trovare un nuovo significato e uno scopo nelle nostre esperienze, portando infine alla trasformazione personale.

Infine, l'integrazione dei nostri aspetti ombra del dolore è fondamentale nel processo di trasformazione. Riconoscendo e lavorando attraverso gli strati più profondi e nascosti del nostro dolore, possiamo scoprire lezioni e intuizioni preziose che contribuiscono alla nostra crescita. Il lavoro con le ombre ci permette di abbracciare la totalità delle nostre esperienze, comprese quelle dolorose, e di integrarle nel nostro viaggio verso l'evoluzione personale.

La trasformazione del dolore in crescita personale è un aspetto fondamentale dello stoicismo e dell'autoriflessione. Accogliendo il dolore come un'opportunità di crescita, coltivando la resilienza, spostando la nostra prospettiva e integrando i nostri aspetti ombra, possiamo trasformare le nostre esperienze più difficili in catalizzatori per lo sviluppo personale. Alla fine, questo processo ci permette non solo di superare il dolore, ma anche di emergere come individui più forti, più saggi e più resistenti.

METTERE IN PRATICA

(1) Praticare il concetto di "amor fati" o amore per il destino per abbracciare e imparare dalle circostanze difficili. Esempio: Quando vi trovate di fronte a una situazione difficile, come la perdita del lavoro, esercitatevi ad accoglierla come un'opportunità di crescita personale. Riflettete sulle lezioni apprese, sulle abilità sviluppate e sulla resilienza acquisita nell'attraversare questo periodo difficile. Utilizzatela come catalizzatore per esplorare nuovi percorsi di carriera e perseguire opportunità in linea con le vostre passioni e i vostri valori.

(2) Impegnatevi nel lavoro ombra per scoprire intuizioni e lezioni preziose dal vostro dolore. Esempio: Prendetevi il tempo necessario per esplorare le cause del vostro dolore e confrontarvi con le emozioni o i traumi nascosti che devono essere affrontati. Cercate una terapia o una guida per approfondire i vostri aspetti ombra e integrarli nel vostro percorso di autosviluppo. In questo modo, potrete comprendere meglio voi stessi, guarire le ferite del passato e creare una solida base per la crescita personale.

(3) Coltivare la resilienza sviluppando la forza interiore per affrontare e perseverare nelle avversità. Esempio: Di fronte a una battuta d'arresto o a una situazione difficile, esercitatevi a mantenere una mentalità stoica e a concentrarvi su ciò che è sotto il vostro controllo. Invece di essere sopraffatti dal dolore, spostate la vostra attenzione sulle azioni che potete intraprendere per superare gli ostacoli. Sviluppate una pratica quotidiana di resilienza, come la mindfulness o il journaling, per costruire una forza mentale ed emotiva che vi permetta di affrontare il dolore con coraggio e determinazione.

(4) Riformulare il dolore come un'opportunità di crescita e di scoperta di sé. Esempio: Invece di considerare il dolore come

un'esperienza puramente negativa, scegliete consapevolmente di vederlo come un'opportunità per imparare ed evolvere. Riflettere sulle preziose lezioni e intuizioni che si possono trarre da ogni esperienza dolorosa. Utilizzate la conoscenza e l'autoconsapevolezza ottenuta per guidare le decisioni e le azioni future, con conseguente trasformazione e realizzazione personale.

(5) Integrare gli aspetti ombra del dolore nel proprio percorso di autosviluppo. Esempio: Abbracciate ed esplorate gli strati più profondi del vostro dolore, riconoscendo e affrontando gli aspetti nascosti di voi stessi che contribuiscono al dolore. Impegnatevi in pratiche come il diario, la terapia o l'autoriflessione per portare alla luce questi aspetti ombra e incorporarli nel vostro processo di crescita. Accettando e integrando la totalità delle vostre esperienze, comprese quelle dolorose, potete ottenere una trasformazione personale olistica e una più profonda comprensione di voi stessi.

6.4. COSTRUIRE LA DUREZZA MENTALE ED EMOTIVA

Lo sviluppo della durezza mentale ed emotiva è un aspetto cruciale dello Stoicismo e del Lavoro con le ombre. Richiede di costruire la resilienza e la forza necessarie per affrontare le sfide della vita con una mentalità calma e incrollabile. Per coltivare questa durezza, dobbiamo innanzitutto comprendere la natura delle sfide. È importante riconoscere che le avversità sono una parte inevitabile della vita e che abbiamo la capacità di crescere e imparare da queste esperienze.

Le tecniche stoiche per la resilienza sono particolarmente preziose a questo proposito. Una tecnica, nota come visualizzazione negativa, ci permette di prepararci mentalmente alle potenziali avversità, riducendo l'impatto delle difficoltà inaspettate. Immaginando gli scenari peggiori, possiamo coltivare un senso di equanimità e forza, diventando così più resistenti di fronte alle avversità.

Inoltre, convertire il dolore in crescita è un elemento chiave per costruire la durezza mentale ed emotiva. Lo stoicismo ci insegna a considerare le sfide come opportunità di sviluppo personale, piuttosto che come ostacoli insormontabili. Adottando questa mentalità, possiamo spostare la nostra prospettiva e trovare un significato nelle nostre lotte, emergendo alla fine più forti e più resistenti.

Abbracciare gli aspetti ombra della resilienza è anche una parte importante della costruzione della resistenza mentale ed emotiva. Si tratta di riconoscere e integrare le emozioni più oscure e impegnative che emergono nei momenti difficili. Invece di reprimere o negare questi sentimenti, dobbiamo affrontarli di petto, riconoscendo che sono una parte normale dell'esperienza umana. Accogliendo ed esplorando queste emozioni ombra, possiamo sviluppare una comprensione più profonda di noi stessi e coltivare una maggiore resilienza emotiva.

Inoltre, affrontare le avversità con saggezza stoica è un aspetto fondamentale della costruzione della durezza mentale ed emotiva. Ciò significa affrontare le sfide con un senso di calma e razionalità, invece di essere sopraffatti da emozioni intense. Praticando la disciplina stoica dell'assenso, possiamo imparare a rispondere alle difficoltà con equanimità, scegliendo le nostre reazioni in modo ponderato invece di soccombere a risposte emotive impulsive o eccessive.

Infine, la costruzione della durezza mentale ed emotiva implica il riconoscimento dei punti di forza che derivano dall'integrazione degli aspetti ombra della resilienza. Riconoscendo e accogliendo le parti più oscure e difficili di noi stessi, possiamo sviluppare un senso più profondo di autoconsapevolezza e forza emotiva. Questa autoconsapevolezza ci permette di riconoscere la nostra resilienza e la nostra capacità di crescita, portando infine a un modo più integrato e resiliente di affrontare la vita.

In conclusione, la costruzione della resistenza mentale ed emotiva è un processo multidimensionale che attinge alla saggezza stoica e all'integrazione del lavoro con le ombre. Comprendendo la natura delle sfide, utilizzando le tecniche stoiche per la resilienza, trasformando il dolore in crescita e abbracciando gli aspetti ombra della resilienza, possiamo coltivare la forza interiore necessaria per affrontare le difficoltà della vita con grazia e compostezza. Questo processo porta, in ultima analisi, a un modo più resiliente, integrato e potenziato di esistere nel mondo.

METTERE IN PRATICA

(1) Praticare la visualizzazione negativa immaginando gli scenari peggiori per sviluppare equanimità e forza d'animo di fronte alle avversità. Esempio: Quando dovete affrontare una situazione difficile al lavoro, immaginate il peggior risultato possibile e preparatevi mentalmente a gestirlo con calma ed efficacia. In questo modo si ridurrà l'ansia e si acquisirà la capacità di affrontare le sfide che si presenteranno.

(2) Riformulare le sfide come opportunità di sviluppo personale, vedendole come un'occasione per crescere e imparare. Esempio: Invece di considerare un progetto fallito come una battuta d'arresto, vedetelo come una preziosa esperienza di apprendimento che può aiutarvi a migliorare le vostre capacità e il vostro approccio per le imprese future. Questo cambiamento di prospettiva vi aiuterà a trovare un senso alle vostre difficoltà e a diventare più resistenti.

(3) Accogliere e riconoscere le emozioni più oscure e difficili che emergono nei momenti di difficoltà. Esempio: Invece di reprimere o negare i sentimenti di rabbia o tristezza, permettetevi di sperimentarli ed esprimerli in modo sano e costruttivo. Questa onestà emotiva contribuirà alla vostra resilienza emotiva e alla consapevolezza di voi stessi.

(4) Affrontare le sfide con calma e razionalità, praticando la disciplina stoica dell'assenso. Esempio: Quando vi trovate di fronte a una battuta d'arresto o a una delusione improvvisa, prendetevi un momento per fermarvi, riflettere e rispondere in modo ponderato invece di reagire impulsivamente. Questa pratica vi aiuterà a

mantenere un senso di compostezza e a prendere decisioni migliori in mezzo alle avversità.

(5) Riconoscere e integrare gli aspetti ombra della resilienza, accogliendo le parti più oscure e difficili di sé. Esempio: Invece di rifiutare o evitare i vostri difetti e le vostre debolezze, affrontateli direttamente e lavorate per migliorarvi. Questo processo di auto-accettazione e crescita aumenterà la vostra forza emotiva e la vostra resilienza.

(6) Coltivare l'autoconsapevolezza riconoscendo la propria resilienza e capacità di crescita. Esempio: Prendetevi del tempo per riflettere sulle esperienze passate in cui avete superato le sfide e siete cresciuti di conseguenza. Questa riflessione rafforzerà la fiducia nelle proprie capacità e fornirà una base di forza e resilienza per le difficoltà future.

(7) Esercitatevi a integrare la saggezza dello stoicismo e i principi del lavoro con le ombre nella vostra vita quotidiana. Esempio: Iniziate a incorporare nella vostra routine pratiche stoiche come il diario, la meditazione e l'autoriflessione. Inoltre, fate uno sforzo consapevole per riconoscere e lavorare con i vostri aspetti ombra cercando una terapia o impegnandovi in attività di sviluppo personale. L'impegno attivo con queste filosofie rafforzerà nel tempo la vostra tempra mentale ed emotiva.

6.5. ABBRACCIARE GLI ASPETTI OMBRA DELLA RESILIENZA

Per integrare veramente lo stoicismo e il lavoro con le ombre nella vostra vita, è fondamentale abbracciare gli aspetti ombra della resilienza. Sebbene la resilienza sia spesso associata alla forza e alla capacità di riprendersi dalle avversità, è altrettanto importante riconoscere e accettare le emozioni e le esperienze più oscure e scomode che contribuiscono alla nostra resilienza.

Un modo per accogliere questi aspetti ombra è quello di affrontare e riconoscere le esperienze e le emozioni dolorose che hanno plasmato la nostra capacità di resilienza. Invece di respingere questi sentimenti di paura, rabbia, tristezza e vulnerabilità o di cercare di sminuirne l'impatto, dovremmo permetterci di sederci con loro. Riconoscendo e accettando queste emozioni difficili, comprendiamo meglio le fonti della nostra forza e sviluppiamo un rapporto più autentico con la nostra resilienza.

Un altro aspetto dell'abbracciare l'ombra è riconoscere come i traumi e le difficoltà del passato abbiano influenzato le nostre risposte alle sfide attuali. Esplorando le connessioni tra le nostre esperienze passate e quelle attuali, possiamo comprendere le convinzioni sottostanti e i meccanismi di coping che modellano la nostra capacità di affrontare le avversità. Questo processo svela le fonti nascoste della nostra resilienza e ci permette di coltivare e rafforzare consapevolmente questa capacità per il futuro.

Inoltre, è fondamentale accettare che il viaggio verso la resilienza non è sempre un percorso rettilineo e privo di difficoltà. Battute d'arresto, fallimenti e momenti di dubbio sono parti naturali e inevitabili di questo processo. Abbracciare il lato ombra della resilienza significa riconoscere questi momenti di debolezza e vulnerabilità come essenziali per costruire una resilienza autentica e sostenibile. Invece di vederli come difetti o debolezze, dovremmo considerarli come opportunità di crescita e di scoperta di sé.

In pratica, abbracciare gli aspetti ombra della resilienza può comportare varie pratiche per esplorare e integrare le nostre emozioni ed esperienze difficili. Il diario, la terapia e l'impegno in attività creative come l'arte o la musica possono essere utili per elaborare e dare un senso ai nostri aspetti ombra. Queste pratiche ci permettono di sviluppare un maggiore senso di autoconsapevolezza e una connessione più profonda con la nostra resilienza.

Abbracciare gli aspetti ombra della resilienza significa riconoscere e onorare la complessità e la profondità del nostro paesaggio emotivo. Così facendo, coltiviamo una forma di resilienza più olistica e sostenibile, fondata sulla consapevolezza di sé, sull'accettazione e su un genuino apprezzamento dell'intero spettro dell'esperienza umana. L'integrazione del lavoro con le ombre nella nostra resilienza non solo rafforza la nostra capacità di affrontare le sfide della vita, ma arricchisce anche la nostra capacità di connetterci con gli altri e di sostenerli nel loro viaggio verso la resilienza.

> **METTERE IN PRATICA**
>
> (1) Affrontare e riconoscere le esperienze e le emozioni dolorose come parte del processo di accettazione degli aspetti ombra della resilienza. Esempio: Prendetevi del tempo per riflettere su un'esperienza o un'emozione dolorosa del passato che ha contribuito alla vostra resilienza. Accogliete i sentimenti di paura, rabbia, tristezza o vulnerabilità che emergono da questa riflessione. Invece di cercare di allontanare queste emozioni, permettete a voi stessi di sperimentarle e riconoscerle pienamente. Questo può aiutarvi a comprendere più a fondo la vostra resilienza e il modo in cui è stata plasmata da queste esperienze difficili.
>
> (2) Esplorare le connessioni tra i traumi del passato e le esperienze attuali per comprendere le convinzioni e i meccanismi di coping che determinano la capacità di affrontare le avversità. Esempio: Prendetevi un po' di tempo per riflettere su come un trauma o una difficoltà del passato possa influenzare le vostre risposte attuali alle situazioni difficili. Considerate le convinzioni e i meccanismi di coping che si sono sviluppati come risultato di questo trauma. Riconoscendo queste connessioni, potete capire come si è formata la vostra resilienza e lavorare consapevolmente per rafforzarla e coltivarla.
>
> (3) Accettare battute d'arresto, fallimenti e momenti di dubbio come parti naturali e inevitabili del processo di costruzione della resilienza. Esempio: Di fronte a una battuta d'arresto o a un fallimento, invece di considerarlo un difetto o una debolezza personale, vedetelo come un'opportunità di crescita e di scoperta di sé. Accogliere i momenti di debolezza e vulnerabilità che accompagnano il processo di costruzione della resilienza. Accettando questi momenti come normali e necessari, si può imparare da essi e sviluppare una forma di resilienza più forte e sostenibile.

(4) Impegnarsi in pratiche come il diario, la terapia o gli sfoghi creativi come l'arte o la musica per esplorare e integrare emozioni ed esperienze difficili. Esempio: Iniziare a scrivere un diario per elaborare e dare un senso ai propri aspetti ombra. Dedicate ogni giorno o settimana un momento specifico per scrivere delle vostre emozioni ed esperienze difficili. In alternativa, prendete in considerazione l'idea di sottoporvi a sedute di terapia o di esplorare sbocchi creativi come l'arte o la musica. Queste pratiche possono aiutarvi a scavare più a fondo nel vostro paesaggio emotivo e a sviluppare un maggiore senso di autoconsapevolezza e di connessione con la vostra resilienza.

(5) Riconoscere e onorare la complessità e la profondità del proprio paesaggio emotivo per coltivare una forma di resilienza olistica e sostenibile. Esempio: Prendetevi del tempo per riflettere sull'intero spettro di emozioni ed esperienze umane che contribuiscono alla vostra resilienza. Invece di reprimere o negare certe emozioni, abbracciatene la complessità e onoratele come parti essenziali del vostro percorso. Così facendo, potete coltivare una resilienza che si fonda sulla consapevolezza di sé, sull'accettazione e su un genuino apprezzamento per la diversità delle esperienze umane.

7. Coltivare la compassione: Amore stoico e integrazione delle ombre

7.1. Praticare l'autocompassione

La pratica dell'autocompassione svolge un ruolo cruciale sia nello stoicismo che nel lavoro con le ombre. Si tratta di trattare noi stessi con gentilezza e comprensione, soprattutto quando ci troviamo di fronte a fallimenti, delusioni o sofferenze. Il fondamento di questo concetto sta nel riconoscere che siamo tutti fallibili e meritevoli di cure, compresi noi stessi.

Quando si parla di autocompassione nello stoicismo e nel lavoro con le ombre, tutto inizia con il riconoscimento della nostra umanità e delle nostre imperfezioni. Richiede un cambiamento di mentalità dall'autocritica all'autocompassione. Invece di giudicare noi stessi quando ci troviamo di fronte a difficoltà o sfide, siamo incoraggiati a rispondere con autocompassione. Ciò significa offrire a noi stessi la stessa empatia e comprensione che daremmo a un caro amico in una situazione simile.

Nel praticare l'autocompassione, possiamo incorporare principi stoici come l'abbracciare il concetto di amor fati, o l'amore per il destino, e il lavoro con le ombre, riconoscendo e abbracciando le nostre vulnerabilità e i nostri limiti. Così facendo, possiamo coltivare un maggiore senso di forza interiore e di resilienza.

Una pratica stoica che può essere integrata nell'autocompassione è l'idea della "clausola di riserva". Questa pratica consiste nel definire le aspettative interne lasciando che le circostanze esterne si svolgano come vogliono. Adottando questa mentalità, possiamo affrontare i nostri fallimenti e le nostre mancanze con comprensione e prospettiva, piuttosto che con una dura autocritica.

L'autocompassione implica anche la coltivazione di un profondo senso di autoaccettazione e di autostima. Questo si può ottenere attraverso il lavoro sull'ombra, riconoscendo e abbracciando gli aspetti ombra di noi stessi, comprese le parti che spesso vengono percepite come indesiderabili o vergognose. Integrando questi aspetti ombra, possiamo sviluppare una comprensione più completa e compassionevole di chi siamo.

Inoltre, l'autocompassione promuove la guarigione e il benessere emotivo. Affrontando la nostra sofferenza con gentilezza e un atteggiamento non giudicante, possiamo favorire un maggiore senso di resilienza emotiva. Ciò è in linea con la pratica stoica di riconoscere ciò che è sotto il nostro controllo e accettare ciò che non lo è, permettendoci di rispondere alle avversità con maggiore equanimità.

In termini pratici, praticare l'autocompassione può comportare varie attività, come il discorso positivo su di sé, la mindfulness e le tecniche di autosostegno. Ad esempio, possiamo usare affermazioni o mantra per contrastare i pensieri autocritici e coltivare un dialogo interiore più rassicurante. Inoltre, le pratiche di mindfulness possono aiutarci a osservare i nostri pensieri e le nostre emozioni senza esserne sopraffatti, favorendo così un rapporto più compassionevole con noi stessi.

La pratica dell'autocompassione è una componente essenziale sia dello stoicismo che del lavoro con le ombre. Integrando i principi stoici di resilienza e accettazione con le intuizioni acquisite con il lavoro sull'ombra, possiamo coltivare un rapporto più compassionevole e nutriente con noi stessi. Questo, a sua volta, può portare a un maggiore benessere emotivo e a un senso di pace interiore più profondo.

METTERE IN PRATICA

(1) Praticare l'autocompassione passando dall'autocritica all'autocompassione. Esempio: Di fronte a un contrattempo o a una sfida, invece di essere severi e critici verso se stessi, praticate l'autocompassione offrendo comprensione e gentilezza. Trattate voi stessi come trattereste un vostro caro amico in una situazione simile, offrendogli empatia e sostegno.

(2) Abbracciare il concetto di amor fati e riconoscere le proprie vulnerabilità e i propri limiti. Esempio: Invece di resistere o lottare contro le circostanze difficili, abbracciatele come parte del vostro viaggio. Riconoscete che le imperfezioni e le vulnerabilità fanno parte dell'essere umano e usatele come opportunità di crescita e apprendimento.

(3) Incorporate la mentalità della "clausola di riserva" per affrontare i vostri fallimenti e le vostre mancanze con comprensione e prospettiva. Esempio: Stabilite delle aspettative interne per voi stessi e lasciate spazio alle circostanze esterne, che si svolgeranno come vogliono. Quando incontrate fallimenti o mancanze, praticate l'autocompassione comprendendo che ci sono fattori fuori dal vostro controllo e concentrandovi su ciò che potete imparare dall'esperienza.

(4) Coltivate l'accettazione e l'autostima di voi stessi accogliendo i vostri aspetti ombra. Esempio: Riconoscere e abbracciare le parti di sé che si possono considerare indesiderabili o vergognose. Integrando questi aspetti ombra, si sviluppa una comprensione più completa e compassionevole di se stessi, che può portare a una maggiore accettazione e autostima.

(5) Promuovete la guarigione e il benessere emotivo affrontando la vostra sofferenza con gentilezza e un atteggiamento non giudicante. Esempio: Quando si affrontano difficoltà o sofferenze emotive, praticare l'autocompassione trattando se stessi con gentilezza e comprensione. Evitate l'autogiudizio e adottate un atteggiamento non giudicante nei confronti delle vostre emozioni, permettendovi di elaborare e guarire in modo sano.

(6) Impegnarsi in attività come il linguaggio positivo di sé, la mindfulness e le tecniche di autocompatimento per coltivare l'autocompassione. Esempio: Incorporare pratiche come le affermazioni o i mantra per contrastare i pensieri autocritici e promuovere un dialogo interiore rassicurante. Praticare la mindfulness per osservare i propri pensieri ed emozioni senza esserne sopraffatti, favorendo un rapporto più compassionevole con se stessi. Usare tecniche di auto-rilassamento, come la respirazione profonda o l'impegno in attività che portano conforto, per sostenersi nei momenti difficili.

Incorporando questi passi pratici nella vostra routine quotidiana, potete coltivare un senso di autocompassione più forte, che a sua volta può migliorare il vostro benessere emotivo e portare a un profondo senso di tranquillità interiore.

7.2. ESTENDERE LA COMPASSIONE AGLI ALTRI

La compassione verso gli altri svolge un ruolo fondamentale sia nello stoicismo che nel lavoro con le ombre. Nella tradizione stoica, l'amore e l'empatia sono fondamentali per nutrire una vita virtuosa e appagante. Integrando gli aspetti ombra della compassione e dell'amore, possiamo approfondire la nostra comprensione di noi stessi e degli altri, portando a legami più forti e all'armonia nelle nostre relazioni.

Quando pratichiamo l'amore stoico e l'empatia, non siamo chiamati a mostrare compassione solo verso noi stessi, ma anche verso chi ci circonda. Ciò significa riconoscere l'umanità negli altri, comprendere le loro lotte e sfide e offrire sostegno e comprensione senza giudicare. Richiede di mettere da parte il nostro ego e i nostri desideri e di vedere e ascoltare veramente le esperienze degli altri.

L'integrazione delle ombre, nel contesto dell'estensione della compassione agli altri, implica il riconoscimento e l'esplorazione degli aspetti più oscuri delle nostre relazioni e interazioni. Ciò può includere il riconoscimento delle nostre tendenze al giudizio, al risentimento o all'indifferenza, così come la comprensione di come le nostre esperienze passate e i nostri traumi possano influenzare la nostra capacità di empatia con gli altri. Facendo luce su questi aspetti ombra, possiamo iniziare a guarirli e a trasformarli, favorendo una maggiore compassione e connessione nelle nostre relazioni.

Un modo per esercitarsi a estendere la compassione agli altri è coltivare l'autocompassione. Quando sviluppiamo un profondo senso di gentilezza e comprensione verso noi stessi, siamo meglio attrezzati per estendere la stessa compassione a chi ci circonda. Si tratta di riconoscere la nostra umanità e le nostre imperfezioni e di trattare noi stessi con l'amore e l'empatia che offriremmo a un caro amico in difficoltà. Attraverso questa pratica, possiamo migliorare la nostra capacità di comprensione ed empatia verso gli altri, creando un effetto a catena di compassione nelle nostre relazioni.

Un altro aspetto importante per estendere la compassione agli altri è la pratica del perdono e del lasciar andare il risentimento. Nel lavoro con l'ombra, possiamo scoprire rabbia o rancore radicati verso gli altri e capire come queste emozioni possano influenzare le nostre interazioni con loro. Lavorando per rilasciare queste emozioni negative e coltivando il perdono, possiamo liberarci dal peso del risentimento e creare spazio per una maggiore empatia e comprensione nelle nostre relazioni.

Infine, l'integrazione dell'amore stoico e del lavoro con le ombre ci permette di affrontare le nostre relazioni con cuore e mente aperti, favorendo connessioni più profonde e un senso di umanità condivisa con chi ci circonda. Estendendo la compassione agli altri, non solo arricchiamo la vita di coloro con cui interagiamo, ma coltiviamo anche un maggiore senso di pace, appagamento e resilienza dentro di noi. Siamo in grado di navigare nella complessità delle relazioni umane con grazia e comprensione, migliorando il nostro senso di eudaimonia e contribuendo al benessere di chi ci circonda.

METTERE IN PRATICA

(1) Praticare l'autocompassione: Sviluppare un profondo senso di gentilezza e comprensione verso noi stessi, riconoscendo la nostra umanità e le nostre imperfezioni. Esempio: Dedicare ogni giorno del

tempo ad attività di cura di sé, come scrivere un diario, praticare la mindfulness o dedicarsi a un hobby che ci porta gioia.

(2) Coltivare il perdono e lasciare andare il risentimento: Lavorate per liberarvi dalla rabbia o dal rancore profondo verso gli altri, liberandovi dal peso del risentimento. Esempio: Scrivete una lettera di perdono a qualcuno che vi ha ferito, esprimendo i vostri sentimenti e le vostre intenzioni di lasciare andare le emozioni negative associate alla situazione.

(3) Riconoscere e riconoscere gli aspetti ombra: Riflettere sulle proprie tendenze al giudizio, al risentimento o all'indifferenza nelle relazioni ed esplorare i modi in cui le esperienze e i traumi del passato possono influire sulla capacità di empatizzare con gli altri. Esempio: Esercitate l'autoriflessione scrivendo un diario su una recente interazione in cui avete notato emozioni negative nei confronti di qualcuno, esaminando le ragioni e gli schemi sottostanti che hanno contribuito a questi sentimenti.

(4) Estendere la compassione agli altri senza giudicare: Riconoscere l'umanità negli altri, comprendere le loro difficoltà e sfide e offrire sostegno e comprensione senza giudicare. Esempio: Impegnarsi nell'ascolto attivo concentrandosi completamente su una conversazione con qualcuno, sospendendo qualsiasi giudizio preconcetto e offrendo risposte empatiche.

(5) Favorire connessioni più profonde attraverso l'empatia: Sviluppare una maggiore capacità di comprensione ed empatia verso gli altri, creando un effetto a catena di compassione nelle relazioni. Esempio: Impegnarsi in esercizi di prospettiva, come immaginarsi nei panni di qualcun altro e considerare le sue emozioni e le sue esperienze in una determinata situazione.

(6) Abbracciate la vulnerabilità e l'apertura di cuore: Affrontate le vostre relazioni con cuore e mente aperti, consentendo connessioni più profonde e un senso di umanità condivisa. Esempio: Prendete l'iniziativa di condividere le vostre vulnerabilità e le vostre esperienze con qualcuno di cui vi fidate, creando uno spazio per fargli fare lo stesso, favorendo un legame più profondo.

(7) Praticare il lavoro con le ombre: Fate luce sugli aspetti più oscuri delle vostre relazioni e interazioni, riconoscendo ed esplorando le

tendenze al giudizio, al risentimento o all'indifferenza. Esempio: Cercate il sostegno di un terapeuta o di un coach specializzato nel lavoro con le ombre per guidarvi nel processo di auto-scoperta e guarigione.

(8) Sviluppare una pratica quotidiana di gratitudine: Coltivate l'apprezzamento per gli aspetti positivi delle vostre relazioni ed esperienze, favorendo un senso di connessione e di appagamento. Esempio: Ogni sera scrivete tre cose per cui siete grati nelle vostre relazioni, concentrandovi su momenti o qualità specifiche che vi portano gioia o gratitudine.

(9) Date priorità all'ascolto attivo e all'empatia nelle vostre conversazioni: Vedere e ascoltare veramente le esperienze degli altri, mettendo da parte il proprio ego e i propri desideri. Esempio: Praticare tecniche di ascolto riflessivo, come riassumere e parafrasare i pensieri e i sentimenti dell'interlocutore per garantire la comprensione e convalidare la sua prospettiva.

(10) Riflettere sui propri progressi e modificare il proprio approccio: Valutare regolarmente le proprie azioni e l'impatto che hanno sulle relazioni, apportando le modifiche necessarie. Esempio: Dedicate del tempo ogni settimana per riflettere sulle vostre interazioni e valutare se ci sono opportunità di crescita e miglioramento nel vostro approccio compassionevole.

7.3. AMORE STOICO ED EMPATIA

Nell'ambito dello Stoicismo, il concetto di amore e di empatia è spesso oggetto di fraintendimenti e di dimenticanze. Tuttavia, gli stoici riconoscevano l'importanza della compassione e della comprensione nelle interazioni con noi stessi e con gli altri. L'amore e l'empatia stoici si fondano sull'idea di riconoscere il valore intrinseco e l'umanità di ogni individuo, indipendentemente dalle sue azioni o circostanze.

Un aspetto cruciale dell'amore e dell'empatia stoici è la pratica dell'autocompassione. Ciò significa trattare se stessi con gentilezza e comprensione, soprattutto nei momenti di fallimento o di avversità. Gli stoici ritenevano che, coltivando l'autocompassione, gli individui potessero sviluppare forza interiore e resilienza, consentendo loro di affrontare le proprie difficoltà con grazia e umiltà.

Un'altra componente importante dell'amore e dell'empatia stoici è l'estensione della compassione agli altri. Si tratta di cercare attivamente di comprendere le prospettive e le esperienze di chi ci circonda, anche se diverse dalle nostre. Attraverso la pratica dell'empatia, gli individui possono sviluppare un senso più profondo di connessione e di umanità condivisa con gli altri, promuovendo un ambiente sociale più compassionevole e armonioso.

Anche il perdono e il lasciar andare il risentimento sono elementi chiave dell'amore e dell'empatia stoici. Gli stoici ritenevano che trattenere sentimenti di rabbia o risentimento danneggiasse solo se stessi, piuttosto che l'individuo che aveva causato il dolore. Praticando il perdono, gli individui possono liberarsi dal peso delle emozioni negative e coltivare la pace interiore e la tranquillità.

L'integrazione degli aspetti ombra dell'amore e della compassione è un aspetto particolarmente impegnativo ma gratificante della filosofia stoica. Si tratta di riconoscere e affrontare le emozioni più oscure e difficili che possono sorgere nelle relazioni con noi stessi e con gli altri. Affrontando questi aspetti ombra con coraggio e compassione, gli individui possono lavorare per la guarigione e la trasformazione, rafforzando in ultima analisi la loro capacità di amore ed empatia.

Un esempio convincente dell'amore stoico e dell'empatia in azione si trova nella storia di Marco Aurelio, noto filosofo stoico e imperatore romano. Nonostante le pressioni e le responsabilità della sua posizione, Marco Aurelio era noto per la sua compassione e comprensione verso il suo popolo. Praticava l'empatia e il perdono, anche nei confronti di coloro che gli si opponevano, riconoscendo l'umanità insita in ogni individuo, indipendentemente dalle sue azioni o circostanze.

Nel nostro mondo moderno, praticare l'amore e l'empatia stoica può avere effetti profondi sul nostro benessere personale e sulle nostre relazioni con gli altri. Coltivando l'autocompassione, estendendo la compassione agli altri e praticando il perdono, gli individui possono contribuire a una società più compassionevole e comprensiva. Inoltre, l'integrazione degli aspetti ombra dell'amore e della compassione consente agli individui di crescere ed evolversi, favorendo connessioni più profonde e la guarigione emotiva.

Nel complesso, l'amore stoico e l'empatia sono componenti vitali di una vita appagante e significativa. Praticando l'autocompassione, estendendo la compassione agli altri e integrando gli aspetti ombra dell'amore e della compassione, gli individui possono coltivare la pace interiore, la resilienza e le connessioni autentiche con coloro che li circondano.

METTERE IN PRATICA

(1) Coltivare l'autocompassione e trattare se stessi con gentilezza e comprensione, soprattutto di fronte ai fallimenti o alle avversità. Esempio: Di fronte a una battuta d'arresto sul lavoro, invece di essere duri con se stessi e soffermarsi sull'errore, praticare l'autocompassione riconoscendo l'impegno profuso, imparando dall'esperienza e trattandosi con gentilezza e comprensione.

(2) Cercare attivamente di comprendere le prospettive e le esperienze degli altri, anche se diverse dalle nostre. Esempio: Quando si intraprende una conversazione con qualcuno le cui opinioni differiscono dalle proprie, ascoltare attivamente il suo punto di vista senza giudicare, ponendo domande per comprendere meglio la sua prospettiva e trovare un terreno comune.

(3) Praticare il perdono e lasciare andare il risentimento, comprendendo che trattenere le emozioni negative non fa altro che danneggiare se stessi. Esempio: Se qualcuno vi ha fatto un torto, praticate il perdono riconoscendo il dolore causato, ma scegliendo di lasciar andare il risentimento e concentrandovi sulla crescita personale e sull'andare avanti.

(4) Riconoscere e affrontare le emozioni più oscure e difficili che possono sorgere nelle relazioni con noi stessi e con gli altri. Esempio: Se in una relazione sentimentale emergono sentimenti di gelosia,

invece di reprimerli o ignorarli, affrontateli con coraggio e compassione. Riflettere sulle insicurezze o sulle paure sottostanti che causano queste emozioni e prendere provvedimenti per affrontarle e guarirle.

(5) Riconoscere il valore intrinseco e l'umanità di ogni individuo, indipendentemente dalle sue azioni o circostanze. Esempio: Invece di giudicare qualcuno in base ai suoi errori passati o alle circostanze attuali, esercitatevi a vedere il valore intrinseco in lui riconoscendo il suo potenziale di crescita e cambiamento. Trattateli con empatia e compassione, offrendo loro sostegno e comprensione.

Mettendo in pratica questi passi pratici e integrando i principi dell'amore e dell'empatia stoica nella nostra routine quotidiana, possiamo sperimentare una maggiore soddisfazione personale e creare relazioni più profonde e significative con chi ci circonda.

7.4. PERDONARE E LASCIAR ANDARE IL RISENTIMENTO

Il perdono e il rilascio del risentimento sono elementi cruciali sia dello stoicismo che del lavoro con l'ombra. Nello stoicismo, il perdono è visto come un modo per liberarsi dal peso delle emozioni negative, mentre nel lavoro con l'ombra comporta il riconoscimento e l'integrazione degli aspetti di noi stessi che possono trattenere il risentimento.

Perdonare non significa giustificare o perdonare le azioni degli altri, ma piuttosto liberare noi stessi dal tumulto emotivo che deriva dal risentimento. Perdonando, lasciamo andare la presa che le ferite del passato hanno su di noi e ci apriamo alla guarigione e alla crescita personale. Questo ci permette di andare avanti senza essere appesantiti dalla rabbia e dal rancore, portando infine a un maggiore senso di pace e benessere.

Nell'ambito del lavoro sull'ombra, il perdono e la liberazione dal risentimento implicano il riconoscimento delle parti di noi stessi che possono aggrapparsi a vecchi rancori o a dolori irrisolti. Quando riconosciamo e integriamo questi aspetti ombra, possiamo iniziare a guarire e a crescere, portando a un senso di sé più olistico e integrato.

Praticare il perdono e liberarsi del risentimento può essere impegnativo, soprattutto quando le ferite sono profonde. Richiede uno sforzo cosciente per coltivare l'empatia e la comprensione per la persona che ci ha fatto del male e per riconoscere che trattenere il risentimento non fa che perpetuare la nostra stessa sofferenza.

Un modo per praticare il perdono è spostare la nostra prospettiva e cercare di vedere la situazione dal punto di vista dell'altra persona. Questo non significa giustificare il suo comportamento, ma piuttosto empatizzare con le circostanze che possono aver influenzato le sue azioni. Questo può aiutare a promuovere la compassione, che è essenziale nel processo di perdono.

Un altro aspetto importante del perdono è stabilire dei limiti. Perdonare non significa permettere che i comportamenti dannosi continuino senza conseguenze. È importante dare priorità al nostro benessere e alla nostra sicurezza e il perdono può essere un mezzo per allentare la presa emotiva che gli eventi passati possono avere su di noi, stabilendo al contempo dei limiti per prevenire danni futuri.

Lasciare andare il risentimento significa accettare che non possiamo cambiare il passato, ma possiamo controllare il modo in cui lo affrontiamo. Questa presa di coscienza può essere incredibilmente rafforzativa, in quanto ci dà il potere di scegliere come andare avanti.

Il perdono e il rilascio del risentimento sono pratiche potenti che possono avere un impatto trasformativo sulla nostra vita. Integrando queste pratiche nella nostra vita quotidiana, possiamo lasciare andare la presa che le emozioni negative hanno su di noi, guarire le ferite del passato e coltivare un maggiore senso di pace e benessere. Questo processo è fondamentale sia per lo stoicismo che per il lavoro con le ombre, in quanto ci permette di sviluppare un senso di sé più equilibrato e integrato, che in ultima analisi porta a una vita più appagante e significativa.

METTERE IN PRATICA

(1) Coltivare l'empatia e la comprensione per coloro che hanno causato un danno. Esempio: Quando qualcuno ci fa del male, può essere difficile immedesimarsi nelle sue azioni. Tuttavia, sforzandoci

di capire la loro prospettiva e i fattori che possono aver influenzato il loro comportamento, possiamo iniziare a coltivare l'empatia. Ad esempio, se un amico disdice un appuntamento all'ultimo minuto, invece di provare risentimento, possiamo cercare di immedesimarci nei suoi impegni o nelle circostanze impreviste, favorendo il perdono e la comprensione.

(2) Stabilire dei limiti per evitare danni futuri mentre si perdona. Esempio: Perdonare qualcuno non significa permettergli di continuare a tenere comportamenti dannosi. Stabilire dei limiti è essenziale per il nostro benessere e la nostra sicurezza. Ad esempio, se un collega si prende spesso il merito del nostro lavoro, perdonarlo significa liberarsi del risentimento e stabilire dei limiti chiari per garantire che il nostro contributo sia riconosciuto e rispettato in futuro.

(3) Accettare che non possiamo cambiare il passato, ma possiamo scegliere come reagire. Esempio: Lasciare andare il risentimento significa accettare che non possiamo cambiare il passato. Invece di rimuginare sulle ferite del passato, abbiamo il potere di scegliere come reagire nel presente e nel futuro. Ad esempio, se un partner romantico ci ha tradito, possiamo scegliere se mantenere il risentimento o lasciarlo andare e concentrarci sulla ricostruzione della fiducia o sulla ricerca di una relazione più sana.

(4) Praticare il perdono è un modo per liberarsi dalle turbolenze emotive e promuovere la crescita personale. Esempio: Perdonare ci permette di liberarci dalla morsa delle emozioni negative e di promuovere la crescita personale. Per esempio, se un membro della famiglia ha tradito la nostra fiducia, possiamo scegliere di perdonarlo, senza condonare le sue azioni, ma lasciando andare il risentimento per guarire noi stessi e favorire un rapporto più sano in futuro.

(5) Coltivare un senso di compassione verso chi ci ha fatto del male. Esempio: Sviluppare la compassione verso chi ci ha fatto del male aiuta a facilitare il perdono. Comprendendo che le azioni delle persone sono spesso guidate dalle loro paure, insicurezze o esperienze passate, possiamo dimostrare compassione. Per esempio, se un amico ci ha detto cose offensive durante una discussione, riconoscere che

forse si sta sfogando a causa di un dolore irrisolto può aiutarci a favorire il perdono e la comprensione.

7.5. INTEGRARE GLI ASPETTI OMBRA DELL'AMORE E DELLA COMPASSIONE

Abbracciare gli aspetti ombra dell'amore e della compassione è una parte essenziale del nostro viaggio verso la crescita personale. Si tratta di riconoscere e accettare i lati nascosti e oscuri di queste emozioni positive. Se spesso associamo l'amore e la compassione alla gentilezza e al calore, è fondamentale riconoscere che possono avere anche un lato ombra, che si manifesta come possessività, codipendenza o risentimento. Integrando questi aspetti ombra, possiamo raggiungere una comprensione più profonda e un'espressione più autentica dell'amore e della compassione.

Per iniziare a integrare gli aspetti ombra dell'amore e della compassione, dobbiamo innanzitutto praticare l'autocompassione. Ciò significa accettare i propri difetti e le proprie imperfezioni e perdonarsi per gli errori del passato.

Accogliendo i nostri aspetti ombra con gentilezza e comprensione, possiamo sviluppare un genuino senso di compassione per gli altri. Questo processo ci aiuta anche a capire che ognuno ha i propri aspetti ombra e ci permette di avvicinarci agli altri con maggiore empatia e compassione.

Anche il perdono e il lasciar andare il risentimento sono fondamentali per integrare gli aspetti ombra dell'amore e della compassione. Trattenere sentimenti di rabbia o di rancore verso gli altri crea ostacoli allo sperimentare e all'esprimere amore e compassione autentici. Riconoscendo e lavorando sui nostri sentimenti di risentimento, possiamo aprire i nostri cuori a un amore più autentico e incondizionato. Questo processo comporta anche il riconoscimento e l'accoglimento degli aspetti ombra dell'amore, come la gelosia o la possessività, e la trasformazione di queste emozioni in espressioni sane e costruttive di cura e preoccupazione.

Un altro aspetto importante dell'integrazione degli aspetti ombra dell'amore e della compassione è l'estensione della nostra compassione agli altri, anche in circostanze difficili. Questo può richiedere di affrontare i propri conflitti interiori e le emozioni più oscure, come l'invidia o la competizione, e di trovare il modo di trasformare questi sentimenti in atti genuini di gentilezza e sostegno per gli altri. Riconoscendo e lavorando su questi aspetti ombra, possiamo coltivare legami più profondi e significativi con chi ci circonda.

Infine, integrare gli aspetti ombra dell'amore e della compassione significa accogliere la complessità di queste emozioni e riconoscere che non sono sempre pure e positive. Accettando gli elementi ombra dell'amore e della compassione, sviluppiamo una comprensione più equilibrata e realistica di queste emozioni. Questo ci permette di impegnarci con loro in modo più autentico e significativo.

Il viaggio di integrazione degli aspetti ombra dell'amore e della compassione è un processo trasformativo che approfondisce le relazioni con noi stessi e con gli altri. Riconoscendo e abbracciando gli elementi più oscuri di queste emozioni, coltiviamo un amore e una compassione più genuini e resistenti, radicati nell'autoconsapevolezza, nell'empatia e nell'accettazione. Questo processo migliora la nostra crescita personale e il nostro benessere, permettendoci di creare connessioni più significative e compassionevoli con chi ci circonda.

METTERE IN PRATICA

(1) Praticare l'autocompassione e riconoscere i difetti e le imperfezioni personali: Essendo gentili e comprensivi verso se stessi, gli individui possono sviluppare un senso di compassione più genuino per gli altri. Ad esempio, invece di autocriticarsi per aver commesso un errore sul lavoro, si può riconoscere l'imperfezione e offrire a se stessi parole di sostegno e perdono.

(2) Praticare il perdono e lasciare andare il risentimento: Elaborando i sentimenti di rabbia o amarezza verso gli altri, gli individui possono aprire il loro cuore a una forma più autentica e incondizionata di amore e compassione. Per esempio, si può scegliere di perdonare un

amico che può averli involontariamente feriti e lasciare andare le emozioni negative associate a quella situazione.

(3) Estendere la compassione agli altri, anche in circostanze difficili: Affrontando i conflitti interni e le emozioni più cupe, gli individui possono trovare il modo di trasformare questi sentimenti in atti genuini di gentilezza e sostegno per gli altri. Per esempio, quando si prova invidia per il successo di un collega, si può scegliere di congratularsi sinceramente con lui e di offrirgli assistenza, se necessario.

(4) Abbracciare la complessità dell'amore e della compassione: Accettando gli elementi ombra di queste emozioni, gli individui possono sviluppare una comprensione più equilibrata e realistica dell'amore e della compassione. Ciò consente di impegnarsi in modo più autentico e significativo. Per esempio, riconoscendo che l'amore può talvolta essere accompagnato da gelosia, si può lavorare consapevolmente per trasformare la gelosia in apprezzamento e sostegno per i risultati ottenuti dalla persona amata.

(5) Coltivare connessioni significative con se stessi e con gli altri: Integrando gli aspetti ombra dell'amore e della compassione, gli individui possono approfondire le loro relazioni e creare legami più compassionevoli. Impegnandosi nell'autoconsapevolezza, nell'empatia e nell'accettazione, gli individui possono migliorare la crescita personale e il benessere. Ad esempio, praticando l'autoriflessione ed esprimendo empatia verso le esperienze altrui, si possono stabilire legami più significativi nelle amicizie e nelle relazioni sentimentali.

8. Trovare significato e scopo: l'eudaimonia stoica e l'esplorazione delle ombre

8.1. SCOPRIRE IL PROPRIO VERO SCOPO

Uno degli aspetti fondamentali dello stoicismo e del lavoro con le ombre è la ricerca dell'eudaimonia, ovvero della felicità e dell'appagamento autentici. In questa sezione esploreremo il processo di scoperta del vostro autentico scopo nella vita e di allineamento con i vostri valori più profondi.

Per intraprendere il viaggio alla scoperta del vostro scopo autentico, è fondamentale impegnarsi nell'autoriflessione e nell'introspezione. Ciò significa prendersi il tempo necessario per esaminare le proprie convinzioni, passioni e desideri, nonché riflettere sulle esperienze e sui momenti che vi hanno portato la massima gioia e realizzazione. Guardando dentro di voi e facendo chiarezza su ciò che conta veramente per voi, potete iniziare a scoprire i temi e i valori sottostanti che risuonano con il vostro scopo autentico.

Inoltre, l'allineamento con i propri valori gioca un ruolo fondamentale nel perseguire l'eudaimonia. Identificando le virtù e i principi più importanti per voi, potete iniziare a creare una vita che sia in armonia con questi valori. Per esempio, se per voi l'onestà e l'integrità sono fondamentali, potete cercare opportunità che vi permettano di incarnare queste virtù sia nella vita personale che in quella professionale. Allineando consapevolmente le vostre azioni ai vostri valori fondamentali, potete coltivare un senso di scopo e di realizzazione che ha un significato profondo per voi.

Vivere una vita eudaimonica comporta anche il superamento degli ostacoli esistenziali, come le paure e i dubbi che possono offuscare il senso di scopo e di realizzazione. Questi ostacoli possono manifestarsi come convinzioni autolimitanti, sindrome dell'impostore o paura del fallimento. Riconoscendo e affrontando questi ostacoli, potete iniziare a liberarvi dalla loro presa e fare spazio a una vita più autentica e orientata allo scopo.

È importante riconoscere che il viaggio alla scoperta del vostro scopo autentico è un processo continuo e in continua evoluzione. Man mano che crescete ed evolvete, anche il vostro senso dello scopo e ciò che conta di più per voi può trasformarsi. Abbracciare il processo di auto-scoperta con mente e cuore aperti vi permette di perfezionare e allineare continuamente il vostro scopo autentico.

Per illustrare il concetto di scoperta del proprio scopo autentico, consideriamo la storia di Sarah, una dirigente di successo che si sentiva insoddisfatta nonostante i suoi successi professionali. Attraverso l'introspezione e l'auto-riflessione, ha scoperto che la sua vera passione era il mentoring e il potenziamento dei giovani professionisti. Allineandosi al suo valore fondamentale di avere un impatto positivo, Sarah è passata a un ruolo che le ha permesso di ispirare e sostenere gli altri nella loro crescita personale e professionale. Questo cambiamento non solo l'ha profondamente appagata, ma le ha anche permesso di vivere una vita orientata allo scopo e in linea con i suoi valori autentici.

Scoprire il proprio scopo autentico è un viaggio profondamente personale e trasformativo. Impegnandosi nell'autoriflessione, allineandosi con i propri valori e superando gli ostacoli esistenziali, è possibile svelare un senso di scopo e di realizzazione che risuona con la propria vera essenza. Questo processo è continuo e può evolversi nel tempo, ma abbracciando il viaggio di auto-scoperta, potete coltivare una vita profondamente significativa e allineata con il vostro scopo autentico.

METTERE IN PRATICA

(1) Impegnarsi nell'autoriflessione e nell'introspezione. Esempio: Dedicate ogni giorno del tempo a riflettere sulle vostre convinzioni, passioni e desideri. Prendete in considerazione l'idea di scrivere un diario o di meditare per aiutarvi a fare chiarezza e a capire cosa vi sta veramente a cuore.

(2) Identificate i temi e i valori generali che si allineano al vostro vero scopo. Esempio: Fate un elenco delle esperienze e dei momenti che vi hanno portato più gioia e appagamento. Cercate gli schemi e i temi che emergono, come la passione per l'aiuto agli altri o il desiderio di creatività, e usateli come principi guida nel vostro processo decisionale.

(3) Determinate i vostri valori fondamentali e allineate le vostre azioni ad essi. Esempio: Riflettete sulle virtù e sui principi che vi stanno più a cuore, come l'onestà, l'integrità o la compassione. Cercate nella vostra vita personale e professionale le opportunità per esprimere questi valori, sia attraverso il volontariato, sia parlando di cause in cui credete, sia trovando un lavoro che sia in linea con i vostri valori.

(4) Affrontare e superare le ombre esistenziali. Esempio: Identificate le paure, le convinzioni auto-limitanti o i dubbi che potrebbero impedirvi di vivere una vita orientata allo scopo. Prendete provvedimenti per sfidare e superare queste ombre, ad esempio cercando una terapia, praticando l'autocompassione o correndo piccoli rischi per acquisire fiducia.

(5) Abbracciate il processo di auto-scoperta con mente e cuore aperti. Esempio: Affrontate il viaggio alla scoperta del vostro vero scopo come un processo continuo e in evoluzione. Permettete a voi stessi di esplorare nuovi interessi, di provare nuove esperienze e di essere aperti a cambiare il vostro senso di scopo man mano che crescete ed evolvete come persona. Abbracciate l'ignoto e abbiate fiducia nella vostra capacità di percorrere il cammino verso una vita appagante.

(6) Cercate opportunità che vi permettano di esprimere il vostro vero scopo. Esempio: Cercate attivamente dei modi per incorporare le vostre passioni e i vostri valori nella vostra vita quotidiana. Ciò potrebbe comportare il volontariato per una causa che vi sta a cuore, l'avvio di un progetto secondario legato al vostro vero scopo o la ricerca di una carriera che sia in linea con i vostri valori e che vi permetta di avere un impatto positivo.

(7) Raffinare continuamente e allinearsi al proprio vero scopo. Esempio: Controllate regolarmente voi stessi per rivalutare i vostri obiettivi, i vostri valori e il vostro senso dello scopo. Riflettete se le vostre azioni e scelte attuali sono in linea con il vostro vero io e apportate le modifiche necessarie. Ricordate che la scoperta del vostro vero scopo è un viaggio che dura tutta la vita e che è giusto fare dei cambiamenti lungo il percorso.

8.2. ALLINEARSI AI PROPRI VALORI

L'allineamento con i nostri valori è una parte cruciale della conduzione di una vita appagante e piena di scopi, come viene esplorato nel libro Stoic and Shadow Work. Quando allineiamo i nostri pensieri, le nostre azioni e le nostre decisioni con i nostri valori fondamentali, creiamo un percorso verso un'esistenza più significativa. Questo processo implica una profonda introspezione e auto-riflessione per capire cosa conta veramente per noi e come possiamo incarnare quei valori nella nostra vita quotidiana.

Per iniziare ad allinearci ai nostri valori, è importante innanzitutto identificare ciò che è più importante per noi. Questo può includere qualità come l'onestà, la compassione, l'integrità, il coraggio o la resilienza. Possono anche comprendere principi come la giustizia, l'uguaglianza, la libertà o la sostenibilità. Prendetevi del tempo per riflettere su questi valori e considerate perché hanno un significato per voi. Forse l'onestà è importante perché favorisce la fiducia e le connessioni significative, o forse la giustizia risuona con voi a causa delle vostre convinzioni sull'equità e l'uguaglianza per tutti.

Una volta che abbiamo una chiara comprensione dei nostri valori, il passo successivo è valutare quanto il nostro stile di vita e le nostre scelte attuali siano in linea con essi. Viviamo in un modo che è in linea con i nostri valori o ci sono aree in cui stiamo compromettendo o trascurando ciò che è veramente importante per noi? Per esempio, se la compassione è un valore fondamentale, considerate come dimostrate la compassione nelle vostre interazioni con gli altri. Se la sostenibilità è importante per voi, pensate al vostro impatto ambientale e alle scelte che fate in termini di consumi e rifiuti.

L'allineamento con i nostri valori richiede anche di prendere decisioni intenzionali che sostengano e onorino questi principi. Ciò può comportare la definizione di limiti che siano in linea con i nostri valori, la difesa di cause che siano in linea con le nostre convinzioni o scelte che riflettano il nostro impegno a vivere in conformità con ciò che ci sta a cuore. Può anche comportare l'allontanamento da situazioni o relazioni che sono in conflitto con i nostri valori, anche se ci mettono alla prova.

Inoltre, l'allineamento con i nostri valori ci spinge a valutare e perfezionare continuamente le nostre scelte alla luce dei nostri principi. Questo processo continuo di riflessione e adattamento ci assicura di vivere in modo autentico e in armonia con ciò che ci sta a cuore. Quando ci troviamo di fronte a nuove esperienze e sfide, è importante considerare come queste si allineino con i nostri valori e come possiamo rispondere in modo coerente con ciò che ci sta più a cuore.

Allineandoci ai nostri valori, coltiviamo un senso di integrità e autenticità nella nostra vita. Questo allineamento funge anche da bussola, guidando le nostre decisioni e azioni verso il nostro vero io. Quando siamo radicati nei nostri valori, siamo meglio equipaggiati per navigare nelle complessità della vita con chiarezza e scopo.

In generale, il processo di allineamento con i nostri valori è un aspetto fondamentale del Lavoro Stoico e dell'Ombra, poiché ci permette di vivere una vita congruente con le nostre convinzioni più profonde. Questo allineamento ci permette di fare scelte in armonia con il nostro vero io, favorendo un senso di appagamento e di pace interiore. Si tratta di un viaggio continuo alla scoperta e all'affermazione di sé che può portare a un'esistenza più significativa e propositiva.

METTERE IN PRATICA

(1) Identificate i vostri valori fondamentali: Prendetevi del tempo per riflettere su ciò che è veramente importante per voi, come l'onestà, la compassione, la giustizia o la sostenibilità. Considerate perché questi valori hanno un significato per voi e come possono guidare le vostre azioni e decisioni. Esempio: Identificate l'onestà come valore fondamentale e riflettete su come incarnarla nella vostra vita quotidiana. Praticare una comunicazione aperta e trasparente, sia nelle relazioni personali che in quelle professionali, per favorire la fiducia e i legami significativi.

(2) Valutare l'allineamento con i propri valori: Valutate quanto il vostro stile di vita e le vostre scelte attuali siano in linea con i vostri valori fondamentali. Ci sono aree in cui state compromettendo o trascurando ciò che è veramente importante per voi? Esempio: Se la sostenibilità è un valore fondamentale, valutate il vostro impatto ambientale. Considerate la possibilità di ridurre i rifiuti, di praticare il riciclaggio e di optare per scelte di consumo sostenibili, come l'utilizzo di fonti di energia rinnovabili.

(3) Prendere decisioni intenzionali: Scegliere attivamente di prendere decisioni e intraprendere azioni che onorano e sostengono i propri valori. Ciò può comportare la definizione di limiti, la difesa di cause allineate con le vostre convinzioni o scelte che riflettono il vostro impegno a vivere in conformità con ciò che vi sta a cuore. Esempio: Se la giustizia è un valore fondamentale, sostenete attivamente e impegnatevi in iniziative o organizzazioni che promuovono l'uguaglianza e l'equità, ad esempio facendo volontariato per una campagna sui diritti umani o partecipando a programmi di sensibilizzazione della comunità.

(4) Riflettere e adeguarsi: Valutare e perfezionare continuamente le proprie scelte alla luce dei propri valori. Riflettete regolarmente su quanto le vostre azioni siano in linea con i vostri principi e apportate

le modifiche necessarie per assicurarvi di vivere in modo autentico e in armonia con ciò che vi sta più a cuore. Esempio: Quando vi trovate di fronte a nuove esperienze o sfide, valutate il loro allineamento con i vostri valori e rispondete in modo coerente con ciò che vi sta a cuore. Se una situazione è in conflitto con i vostri valori, prendete le misure necessarie per affrontarla o allontanarvi da essa, anche se può essere difficile.

(5) Coltivare l'integrità e l'autenticità: L'allineamento con i propri valori coltiva un senso di integrità e autenticità nella propria vita. Funge da bussola, guidando le vostre decisioni e azioni in una direzione che è allineata con il vostro vero io. Esempio: Quando dovete prendere una decisione, prendetevi un momento per riflettere sui vostri valori fondamentali e su come ogni scelta si allinea ad essi. Scegliete l'opzione che sostiene i vostri valori e che vi fa sentire fedeli al vostro io autentico.

(6) Navigare nelle complessità della vita con chiarezza e scopo: vivere in allineamento con i propri valori fornisce un senso di chiarezza e scopo, consentendo di navigare nelle complessità della vita con fiducia e direzione. Esempio: Quando vi trovate di fronte a situazioni difficili o a interessi contrastanti, usate i vostri valori come guida per prendere decisioni che siano in linea con il vostro vero io e che portino un senso di appagamento e di pace interiore.

(7) Impegnarsi continuamente nella scoperta e nell'affermazione di sé: Il processo di allineamento con i propri valori è un viaggio continuo di scoperta e affermazione di sé. Abbracciate questo viaggio e permettetegli di contribuire a un'esistenza più significativa e ricca di scopi. Esempio: Impegnarsi regolarmente in pratiche di auto-riflessione, giornalismo o mindfulness per approfondire la comprensione dei propri valori e del loro ruolo nella vita. Cercate opportunità di crescita personale e di apprendimento che siano in linea con i vostri valori fondamentali.

8.3. VIVERE UNA VITA EUDAIMONIA

L'eudaimonia, un concetto profondamente radicato nella filosofia stoica, racchiude l'idea di raggiungere la "prosperità umana", ossia di vivere una vita piena di vera felicità e realizzazione. Non si tratta solo di cercare il piacere o di evitare il dolore, ma piuttosto di allineare i nostri valori, le nostre virtù e la ricerca di uno scopo e di un significato. Quando si parla di lavoro con le ombre, vivere una vita di eudaimonia implica abbracciare e integrare le ombre che possono ostacolare il nostro cammino verso la prosperità.

Per vivere una vita di eudaimonia, il primo passo è scoprire il nostro vero scopo. Ciò comporta un'introspezione profonda, una riflessione su di sé e l'esplorazione di ciò che è veramente importante per noi. Allineandoci con i nostri valori e identificando le attività e gli sforzi che ci danno un senso di significato e di realizzazione, possiamo iniziare a plasmare una vita che sia in armonia con il nostro io autentico.

Una volta scoperto il nostro scopo, la fase successiva consiste nel coltivare le virtù essenziali per l'eudaimonia: saggezza, coraggio, giustizia e temperanza. Incarnando queste virtù nella nostra vita quotidiana, possiamo affrontare le sfide e le complessità del mondo con integrità e forza morale. Nel campo del lavoro con le ombre, questo significa anche riconoscere e integrare gli aspetti ombra di queste virtù, riconoscendo che tutti noi possediamo la capacità di avere sia la luce che l'oscurità dentro di noi.

Vivere una vita all'insegna dell'eudaimonia richiede anche di affrontare le ombre esistenziali - le paure e le ansie più profonde che possono ostacolare la nostra capacità di prosperare. Riconoscendo e affrontando queste ombre esistenziali, possiamo trovare la resilienza e la forza per vivere in modo autentico e con un senso di scopo.

Inoltre, la gratitudine svolge un ruolo fondamentale nella vita di eudaimonia. Coltivare un senso di apprezzamento per i semplici piaceri della vita, così come per le sfide che offrono opportunità di crescita, ci permette di trovare gioia e soddisfazione nel momento presente. Nel contesto del lavoro con le ombre, ciò implica anche il riconoscimento e l'accettazione degli aspetti ombra della gratitudine, compresi i momenti di oscurità che ci hanno formato e le sfide che hanno contribuito alla nostra crescita personale.

Infine, sostenere la crescita e l'integrazione è un viaggio continuo. Richiede di riflettere sui propri progressi, di mantenere una pratica quotidiana di auto-riflessione e di mindfulness e di cercare il sostegno di una comunità di persone che la pensano allo stesso modo. Riconoscendo che il percorso verso l'eudaimonia non è sempre lineare e che le battute d'arresto e le sfide fanno parte del processo, possiamo sviluppare la resilienza e la perseveranza necessarie per andare avanti.

In sostanza, vivere una vita eudaimonia significa abbracciare l'intero spettro dell'esperienza umana, comprese le ombre che esistono dentro di noi. Integrando, riconoscendo e lavorando con le nostre ombre, possiamo coltivare una vita di autentica felicità, significato e realizzazione. Questo processo non è facile, ma intraprendere questo viaggio vale la pena per il nostro benessere e per il bene di coloro che ci circondano.

METTERE IN PRATICA

(1) Impegnatevi in una profonda introspezione e auto-riflessione per scoprire il vostro vero scopo. Esempio: Dedicate del tempo all'autoriflessione, al diario e alla meditazione per esplorare i vostri valori, le vostre passioni e ciò che vi dà veramente un senso di significato e di realizzazione. Considerate di porvi domande come "Quali sono i miei valori fondamentali? Quali sono le attività o gli impegni che mi fanno sentire vivo e pieno di obiettivi?".

(2) Identificare e allinearsi ai propri valori e alle proprie virtù nella vita quotidiana. Esempio: Fate un elenco dei vostri valori e virtù fondamentali, come saggezza, coraggio, giustizia e temperanza. Date priorità a questi valori nel vostro processo decisionale e cercate di incarnarli nelle vostre interazioni e azioni. Per esempio, se per voi la giustizia è importante, cercate attivamente le occasioni per opporvi all'ingiustizia e promuovere l'equità.

(3) Riconoscere e integrare gli aspetti ombra delle virtù e dei valori. Esempio: Riconoscere che le virtù e i valori hanno aspetti ombra o potenziali insidie. Per esempio, la saggezza può trasformarsi in

arroganza o scetticismo eccessivo, mentre il coraggio può sfociare in avventatezza. Riflettete su come questi aspetti ombra possono manifestarsi nella vostra vita e cercate di trovare un equilibrio che comprenda gli aspetti positivi e attenui quelli negativi.

(4) Affrontare e superare le ombre esistenziali che ostacolano la vostra capacità di prosperare. Esempio: Identificate e affrontate le vostre paure e ansie più profonde che potrebbero impedirvi di vivere in modo autentico e con uno scopo. Considerate la possibilità di ricorrere a una terapia o a un coaching per sostenere il vostro percorso nell'affrontare e gestire queste ombre esistenziali.

(5) Coltivare la gratitudine sia per i semplici piaceri che per le sfide della vita. Esempio: Praticate la gratitudine riflettendo ed esprimendo regolarmente apprezzamento per i momenti di gioia, crescita e opportunità di apprendimento che le esperienze positive e le sfide comportano. Ciò potrebbe includere la tenuta di un diario della gratitudine o l'espressione di gratitudine agli altri per il loro sostegno e il loro contributo alla vostra crescita.

(6) Mantenere una pratica quotidiana di auto-riflessione e consapevolezza. Esempio: Dedicate ogni giorno del tempo all'auto-riflessione e alle pratiche di mindfulness, come la meditazione, il diario o gli esercizi di respirazione profonda. Queste pratiche possono aiutarvi a rimanere in contatto con il vostro io interiore, a sviluppare la consapevolezza di voi stessi e a migliorare la vostra capacità di fare scelte consapevoli e in linea con il vostro scopo e i vostri valori.

(7) Cercate il sostegno di una comunità di persone che la pensano come voi. Esempio: Unirsi a un gruppo o a una comunità di persone che sono anch'esse in viaggio verso una vita di eudaimonia. Partecipate alle conversazioni, condividete le esperienze e imparate dalle intuizioni e dalle prospettive degli altri. Questo può fornire sostegno emotivo, responsabilità e opportunità di crescita e apprendimento.

(8) Accogliere le battute d'arresto e le sfide come parte del viaggio verso l'eudaimonia. Esempio: Riconoscere che le battute d'arresto e le sfide sono inevitabili nella vita e fanno parte del processo di crescita. Invece di vederli come fallimenti, considerateli come opportunità di apprendimento e di sviluppo personale. Praticate la

resilienza e la perseveranza mantenendo una mentalità di crescita e rimanendo impegnati nel vostro scopo e nei vostri valori, anche di fronte alle difficoltà.

8.4. SUPERARE LE OMBRE ESISTENZIALI

Le ombre esistenziali sono le paure e le incertezze radicate che sorgono quando riflettiamo sul significato della vita e sul nostro posto nel mondo. Queste ombre possono manifestarsi come sentimenti di vuoto, isolamento e senso di disperazione di fronte alle domande profonde della vita. Tuttavia, adottando i principi dello stoicismo e impegnandoci nel lavoro sulle ombre, possiamo imparare ad affrontare e superare queste ombre esistenziali con resilienza e saggezza.

Il primo passo per superare le ombre esistenziali è impegnarsi in una profonda auto-riflessione e introspezione. Scavando nelle nostre convinzioni, nei nostri valori e nelle nostre paure riguardo alla nostra esistenza, possiamo iniziare a scoprire le cause sottostanti alle nostre ombre esistenziali. Questo processo di autoriflessione richiede coraggio e vulnerabilità, poiché può metterci di fronte a verità scomode sulle nostre paure e insicurezze. Tuttavia, facendo luce su queste ombre, possiamo iniziare a comprenderle e a lavorare per superarle.

La filosofia stoica fornisce strumenti potenti per riformulare le nostre ombre esistenziali e scoprire il significato della nostra vita. Gli stoici sottolineano l'importanza di vivere in accordo con i nostri valori e le nostre virtù, indipendentemente dalle circostanze esterne. Concentrandoci su ciò che è sotto il nostro controllo - i nostri pensieri, le nostre azioni e i nostri atteggiamenti - possiamo coltivare un senso di scopo e di significato che trascende il vuoto esistenziale. Praticare la gratitudine, abbracciare la virtù e cercare l'eudaimonia (il benessere) sono tutti modi in cui lo stoicismo può aiutarci a navigare e a sconfiggere le nostre ombre esistenziali.

Inoltre, il lavoro con le ombre ci incoraggia a riconoscere e integrare le ombre esistenziali che abbiamo dentro di noi. Invece di reprimere o negare queste paure, possiamo imparare ad accoglierle come parti naturali dell'esperienza umana. Riconoscendo le nostre ombre esistenziali, possiamo impegnarci consapevolmente e intenzionalmente con esse, permettendoci di trasformare le nostre paure in fonti di saggezza e di crescita. Questo processo di integrazione ci permette di trovare un senso più profondo di pace e accettazione tra le incertezze esistenziali della vita.

Inoltre, affrontare e superare le ombre esistenziali richiede la coltivazione della resilienza e della durezza mentale. I principi stoici di affrontare le avversità con coraggio e resilienza possono essere applicati alle nostre lotte esistenziali. Riconoscendo la natura fugace della vita e abbracciando le inevitabili incertezze, possiamo sviluppare una forza interiore e una resilienza che ci permettono di affrontare le nostre ombre esistenziali con forza.

Incorporando le intuizioni dello stoicismo e del lavoro sulle ombre, possiamo intraprendere un viaggio trasformativo per superare le nostre ombre esistenziali e scoprire un senso più profondo di scopo e significato nella nostra vita. Questo viaggio richiede la disponibilità ad affrontare le nostre paure e incertezze, l'impegno a vivere in linea con i nostri valori e le nostre virtù e la coltivazione della resilienza di fronte alle sfide esistenziali della vita. Abbracciando questo viaggio con un cuore aperto e una mentalità stoica, possiamo trascendere le nostre ombre esistenziali e trovare un maggior senso di pace e realizzazione nella nostra vita.

METTERE IN PRATICA

(1) Impegnarsi in una profonda auto-riflessione e introspezione Esempio: Prendetevi del tempo ogni giorno per scrivere un diario e riflettere sulle vostre convinzioni, sui valori e sulle paure che circondano la vostra esistenza. Identificate eventuali schemi o temi ricorrenti che possono contribuire alle vostre ombre esistenziali.

Scrivete i vostri pensieri e sentimenti per ottenere una comprensione più profonda di voi stessi e iniziare il processo di superamento di queste ombre.

(2) Abbracciate la filosofia stoica e concentratevi su ciò che è sotto il vostro controllo: Di fronte a domande o incertezze esistenziali, ricordatevi di concentrarvi su ciò che potete controllare: i vostri pensieri, le vostre azioni e i vostri atteggiamenti. Invece di lasciarvi sopraffare dal quadro generale, suddividetelo in azioni più piccole che siano in linea con i vostri valori e le vostre virtù. Per esempio, se vi state interrogando sul senso della vita, concentratevi sull'essere gentili e compassionevoli con gli altri nelle vostre interazioni quotidiane.

(3) Praticare la gratitudine e cercare l'eudaimonia (prosperità) Esempio: Ogni giorno, prendetevi qualche momento per riflettere sulle cose per cui siete grati nella vostra vita. Scrivetele o condividetele con una persona cara. Questa pratica può aiutare a spostare l'attenzione dalle domande esistenziali all'apprezzamento del momento presente. Inoltre, fate uno sforzo consapevole per perseguire attività ed esperienze che vi portano gioia e appagamento, contribuendo alla vostra eudaimonia complessiva.

(4) Riconoscere e integrare le proprie ombre esistenziali Esempio: Invece di reprimere o negare le vostre paure e insicurezze, riconoscetele ed esploratele apertamente. Conversate con amici fidati o chiedete la guida di un terapeuta o di un coach che vi aiuti ad affrontare queste ombre. Accogliendole e integrandole come parte naturale della vostra esperienza umana, potete trasformarle in fonti di saggezza e di crescita personale.

(5) Coltivare la resilienza e la durezza mentale Esempio: Quando si affrontano sfide esistenziali, ricordarsi della natura transitoria della vita e dell'inevitabilità dell'incertezza. Praticate la resilienza cercando opportunità di sviluppo e crescita personale. Fissate piccoli obiettivi per voi stessi che richiedano di uscire dalla vostra zona di comfort, costruendo gradualmente la durezza mentale e la capacità di affrontare le vostre ombre esistenziali con forza e determinazione.

(6) Abbracciare il viaggio di trasformazione Esempio: Affrontate il vostro viaggio per superare le ombre esistenziali con un cuore aperto e una mentalità stoica. Accettate il disagio e l'incertezza che derivano

dall'autoriflessione e dalla crescita personale. Considerateli come un'opportunità per trovare un senso più profondo di scopo e significato nella vostra vita. Impegnatevi a vivere in linea con i vostri valori e le vostre virtù e ricordate che il processo stesso è una parte importante del viaggio verso la pace e la realizzazione.

8.5. INTEGRARE GLI ASPETTI OMBRA DI SCOPO E SIGNIFICATO

Il processo di integrazione degli aspetti ombra dello scopo e del significato gioca un ruolo cruciale nel nostro viaggio alla scoperta di noi stessi e nella crescita personale. Sebbene molti di noi siano incoraggiati a cercare lo scopo e il significato della propria vita, spesso trascuriamo le sfide nascoste che derivano da questa ricerca. Queste sfide possono includere sentimenti di mancanza di scopo, disperazione esistenziale o una paura radicata di non riuscire a realizzare il nostro scopo. Nella filosofia dello stoicismo e del lavoro con le ombre, è essenziale riconoscere e

abbracciare questi aspetti dell'ombra per trovare appagamento e autenticità nella nostra vita.

Per comprendere e integrare veramente gli aspetti ombra dello scopo e del significato, è importante impegnarsi in una profonda auto-riflessione e introspezione. Ciò comporta l'esplorazione delle paure e delle insicurezze sottostanti che possono ostacolare la nostra capacità di perseguire il nostro scopo con chiarezza e convinzione. Abbracciando il principio stoico dell'autoconsapevolezza e riconoscendo questi aspetti ombra, possiamo iniziare a svelare le cause profonde delle nostre lotte esistenziali e lavorare per risolverle.

Inoltre, l'integrazione degli aspetti ombra dello scopo e del significato richiede che ci confrontiamo con le parti di noi stessi rinnegate o soppresse che possono impedirci di realizzare il nostro vero scopo. Ciò può comportare il riconoscimento e l'accettazione di sentimenti di dubbio su se stessi, indegnità o conflitto interiore che sono stati sepolti nella nostra mente inconscia. Incarnando virtù stoiche come il coraggio e la temperanza, possiamo attraversare questi aspetti ombra con resilienza e gentilezza, portando infine a una vita più autentica e orientata allo scopo.

La pratica dell'autocompassione e del perdono è fondamentale anche per integrare gli aspetti ombra dello scopo e del significato. Spesso ci portiamo dietro convinzioni autocritiche o rimpianti che pesano sulla nostra capacità di perseguire il nostro scopo con chiarezza e fiducia. Coltivando l'autocompassione e imparando a perdonare noi stessi per gli errori del passato o per le mancanze percepite, possiamo liberarci dei fardelli emotivi che ostacolano il nostro perseguimento del significato e dello scopo.

Inoltre, integrare gli aspetti ombra dello scopo e del significato richiede di riconoscere la dualità intrinseca dell'esistenza umana. Il principio stoico della dicotomia del controllo ci insegna ad accettare che non tutto è sotto il nostro controllo e che trovare uno scopo e un significato può anche comportare l'accettazione delle lotte e delle incertezze che ne derivano. Riconoscendo e accettando gli aspetti ombra dello scopo, possiamo sviluppare una prospettiva più olistica ed equilibrata, che ci permette di comprendere più a fondo le complessità dell'esperienza umana.

Integrare gli aspetti ombra dello scopo e del significato è un processo trasformativo che richiede coraggio, consapevolezza di sé e compassione. Scavando nelle profondità della nostra psiche e riconoscendo gli aspetti ombra che possono ostacolare la nostra ricerca di scopo e significato, possiamo coltivare una vita più autentica e soddisfacente. Abbracciando principi stoici come l'autoriflessione, la resilienza e l'accettazione, possiamo navigare nelle complessità del nostro mondo interiore, portando infine a un'integrazione armoniosa del nostro scopo e significato.

METTERE IN PRATICA

(1) Impegnarsi in una profonda auto-riflessione e introspezione per esplorare le paure e le insicurezze sottostanti che ostacolano il perseguimento dello scopo e del significato. Esempio: Prendetevi 15

minuti al giorno per sedervi in silenziosa contemplazione e scrivere un diario sulle paure o le insicurezze che vi impediscono di perseguire il vostro vero scopo. Questa pratica quotidiana vi aiuterà ad acquisire chiarezza e consapevolezza di questi aspetti ombra, consentendovi di lavorare per risolverli.

(2) Affrontare e abbracciare le parti di sé rinnegate o soppresse che possono ostacolare la realizzazione del proprio vero scopo. Esempio: Partecipate a un seminario o a sedute di terapia incentrate sul lavoro con le ombre per esplorare e affrontare gli aspetti di voi stessi che avete evitato o soppresso. Affrontando questi conflitti interiori o sentimenti di dubbio su se stessi, si può iniziare a integrarli nel proprio senso di sé e utilizzarli come catalizzatori per la crescita personale.

(3) Coltivare l'autocompassione e il perdono verso se stessi per gli errori del passato o le mancanze percepite. Esempio: Scrivete una lettera di perdono a voi stessi, affrontando eventuali errori o rimpianti. Offrite a voi stessi perdono e comprensione, riconoscendo che tutti commettono errori e che queste esperienze vi hanno plasmato per diventare ciò che siete oggi. Praticate l'autocompassione trattandovi con gentilezza e comprensione mentre continuate il vostro viaggio verso lo scopo e il significato.

(4) Accettare la dualità intrinseca dell'esistenza umana e abbracciare le lotte e le incertezze che derivano dalla ricerca di uno scopo e di un significato. Esempio: Create un mantra o un'affermazione che vi ricordi di abbracciare gli alti e bassi della vita, sapendo che fanno tutti parte del viaggio verso lo scopo e il significato. Ripetete questo mantra ogni giorno come promemoria per accettare e abbracciare le sfide e le incertezze che vi si presentano, confidando che sono elementi essenziali della vostra crescita e del vostro sviluppo personale.

(5) Applicare le virtù stoiche, come il coraggio e la temperanza, per affrontare gli aspetti ombra con resilienza e compassione. Esempio: Quando vi trovate di fronte a una situazione impegnativa o a un conflitto interiore legato alla ricerca di uno scopo e di un significato, fate un respiro profondo e ricordatevi di affrontarlo con coraggio e autocontrollo. Esercitatevi a rispondere a queste sfide con resilienza

e compassione, permettendovi di imparare e crescere da esse piuttosto che esserne sopraffatti.

9. Coltivare la gratitudine: Gioia stoica e riconoscimento delle ombre

9.1. LA GRATITUDINE COME PRATICA STOICA

La gratitudine è un elemento essenziale dello stoicismo e serve come potente strumento per alimentare la contentezza e la resilienza di fronte alle sfide della vita. Come pratica stoica, ci incoraggia a riconoscere e apprezzare le innumerevoli benedizioni presenti nella nostra vita, indipendentemente dalle circostanze in cui ci troviamo. Abbracciando la gratitudine come abitudine quotidiana, possiamo spostare la nostra attenzione da ciò che ci manca a ciò che già abbiamo, favorendo un senso di abbondanza e di appagamento.

Nella filosofia stoica, la pratica della gratitudine deriva dalla comprensione della natura impermanente di tutte le cose. Riconoscendo la qualità transitoria della vita, gli stoici riconoscono l'importanza di coltivare il momento presente e di esprimere gratitudine per le opportunità e le relazioni che arricchiscono la nostra vita. Questa mentalità ci permette di apprezzare profondamente le gioie e le esperienze semplici che ci danno felicità e significato.

Praticare la gratitudine come stoico significa adottare una

mentalità di gratitudine per gli aspetti positivi e negativi della vita. Gli stoici comprendono che ogni esperienza, sia essa piacevole o impegnativa, offre un'opportunità di crescita e di apprendimento. Abbracciando la gratitudine per le avversità, possiamo spostare la nostra prospettiva e riconoscere il potenziale di resilienza e saggezza che nasce dal superamento delle difficoltà.

La gratitudine stoica sottolinea anche il valore dell'interconnessione di tutte le cose. Riconoscendo i contributi degli altri al nostro benessere, possiamo coltivare l'umiltà e il senso di interconnessione. Il riconoscimento del sostegno e della gentilezza ricevuti dagli altri approfondisce il nostro apprezzamento per le relazioni e la comunità che arricchiscono la nostra vita, rafforzando i valori stoici della responsabilità sociale e della compassione.

Nel contesto del lavoro con le ombre, la pratica della gratitudine fornisce un potente strumento per riconoscere e integrare gli aspetti ombra delle nostre esperienze. Abbracciando la gratitudine per l'intero spettro di emozioni ed esperienze, possiamo affrontare e accettare gli elementi ombra della nostra psiche con compassione e comprensione. Questo processo facilita un senso più profondo di accettazione di sé e di interezza, permettendoci di integrare la nostra ombra con la gratitudine per le lezioni e le intuizioni acquisite dalle nostre esperienze più oscure.

Per incorporare la gratitudine stoica nella nostra vita quotidiana, possiamo impegnarci in pratiche come tenere un diario della gratitudine, riflettere sugli aspetti positivi della nostra giornata, esprimere apprezzamento agli altri e coltivare una mentalità di gratitudine per i semplici piaceri della vita. Facendo della gratitudine un'abitudine quotidiana, possiamo rivedere la nostra prospettiva e coltivare un senso di pace e di appagamento in mezzo agli alti e bassi della vita.

La pratica della gratitudine come stoica offre profondi benefici agli individui che cercano di coltivare la resilienza, l'appagamento e il senso dello scopo nella loro vita. Abbracciando la gratitudine come aspetto fondamentale della filosofia stoica, possiamo spostare la nostra attenzione verso l'apprezzamento dell'abbondanza e della ricchezza delle nostre esperienze, favorendo un senso più profondo di connessione, resilienza e gratitudine per il viaggio alla scoperta di sé.

METTERE IN PRATICA

(1) Tenete un diario della gratitudine: Dedicate qualche minuto al giorno per annotare le cose per cui siete grati. Può trattarsi di cose semplici come un pasto delizioso, un gesto gentile da parte di un amico o una giornata di sole. Praticando regolarmente la gratitudine, potete spostare l'attenzione sugli aspetti positivi della vostra vita e coltivare un senso di abbondanza e soddisfazione. Esempio: Ogni sera, prima di andare a letto, tirate fuori il vostro diario della gratitudine e scrivete tre cose di cui siete grati per quel giorno. Può trattarsi di qualcosa di piccolo come bere una tazza di caffè caldo al mattino, ricevere un complimento da un collega o trascorrere del tempo di qualità con il proprio animale domestico. Riflettendo su questi momenti di gratitudine, potete concludere la giornata con una nota positiva e favorire una mentalità di apprezzamento.

(2) Esprimere apprezzamento agli altri: Prendetevi il tempo per esprimere gratitudine alle persone della vostra vita che hanno avuto un impatto positivo. Può trattarsi di un semplice biglietto di ringraziamento, di una conversazione sincera o di un piccolo atto di gentilezza nei loro confronti. Riconoscendo e apprezzando i contributi degli altri, potete rafforzare le vostre relazioni e coltivare un senso di interconnessione. Esempio: Rivolgetevi a un amico intimo o a un familiare e fateli sapere quanto apprezzate il suo sostegno e la sua presenza nella vostra vita. Potete scrivere loro una lettera in cui esprimete la vostra gratitudine, fare una telefonata in cui li ringraziate esplicitamente per la loro gentilezza o sorprenderli con un piccolo regalo in segno di apprezzamento. Esprimendo la vostra gratitudine, non solo li farete sentire apprezzati, ma approfondirete anche il vostro senso di gratitudine per la loro presenza nella vostra vita.

(3) Coltivare una mentalità di gratitudine: Affrontate ogni giorno con una mentalità di gratitudine per i semplici piaceri e le esperienze che portano gioia e significato alla vostra vita. Notate la bellezza della natura, assaporate il gusto di un pasto delizioso o prendetevi un momento per apprezzare un'opera d'arte affascinante. Praticando

consapevolmente la gratitudine, potete spostare la vostra prospettiva e trovare la gioia nel momento presente. Esempio: Durante la giornata, sforzatevi di notare e apprezzare i piccoli momenti di bellezza e gioia che vi circondano. Può trattarsi di ammirare un fiore che sboccia durante la passeggiata mattutina, di prendersi un momento per assaporare l'aroma e il sapore del proprio cibo preferito o di soffermarsi ad apprezzare uno splendido tramonto. Coltivando attivamente una mentalità di gratitudine, potete migliorare le vostre esperienze quotidiane e favorire un maggiore senso di gratitudine.

9.2. APPREZZARE I SEMPLICI PIACERI DELLA VITA

Nel nostro mondo frenetico e spesso caotico, è facile trascurare le piccole e semplici gioie che la vita ci offre. Tuttavia, abbracciando i principi dello stoicismo e del lavoro con le ombre, possiamo trovare contentezza e gioia nel momento presente, indipendentemente da ciò che accade intorno a noi. Quando impariamo ad apprezzare i semplici piaceri della vita, coltiviamo un senso di gratitudine e di appagamento che può sostenerci anche nei momenti più difficili.

Il primo passo per abbracciare i piaceri semplici della vita è praticare la mindfulness. Ciò significa rallentare e immergersi completamente nel momento presente, invece di concentrarsi sempre su ciò che c'è dopo nella nostra lista di cose da fare. Che si tratti di assaporare un pasto delizioso, di fare una piacevole passeggiata nella natura o di trascorrere del tempo di qualità con i propri cari, la mindfulness ci permette di impegnarci veramente nell'esperienza e di trovare gioia nelle piccole cose.

La gratitudine è fondamentale anche per apprezzare i semplici piaceri della vita. È un principio fondamentale dello stoicismo e una componente chiave del lavoro con le ombre. Riconoscendo ed esprimendo consapevolmente gratitudine per le cose che spesso diamo per scontate – come avere cibo, un riparo, una buona salute e assistere alla bellezza del mondo naturale – spostiamo la nostra attenzione da ciò che ci manca all'abbondanza che ci circonda.

Inoltre, apprezzare i semplici piaceri della vita significa abbandonare la costante ricerca di beni materiali e di conferme esterne. La filosofia stoica ci insegna che la vera felicità viene dall'interno, non dai beni terreni o dallo status sociale. Il lavoro con le ombre ci aiuta a identificare e ad affrontare eventuali attaccamenti malsani o modelli di comportamento che potrebbero impedirci di sperimentare un'autentica soddisfazione e appagamento.

Per esempio, prendetevi un momento per pensare al calore che vi riempie il cuore quando sorseggiate una tazza di tè caldo in una giornata fredda o alla pace che vi pervade mentre guardate un tramonto mozzafiato. Questi sono i semplici piaceri che possono portare un'immensa felicità se ci soffermiamo a notarli e ad apprezzarli. Integrando questi momenti di gioia nella nostra vita quotidiana, spostiamo gradualmente la nostra prospettiva verso una visione più positiva e appagante.

Infine, abbracciare il concetto di eudaimonia – il termine greco antico per "prosperità umana" o "benessere" – fa parte dell'apprezzamento dei semplici piaceri della vita. Questo concetto filosofico si allinea all'idea dello stoicismo di vivere in armonia con la natura e di realizzare il nostro potenziale come esseri umani. Quando troviamo gioia e soddisfazione nei piccoli piaceri della vita, alimentiamo il nostro benessere e ci permettiamo di prosperare, indipendentemente dalle circostanze esterne.

Imparare ad apprezzare i semplici piaceri della vita è un aspetto cruciale sia dello stoicismo che del lavoro con le ombre. Coltivando la consapevolezza, praticando la gratitudine, lasciando andare gli attaccamenti malsani e abbracciando il concetto di eudaimonia, possiamo trovare una felicità e un appagamento genuini nel momento presente. Questo non solo arricchisce la nostra vita, ma ci permette anche di essere più presenti e compassionevoli verso gli altri, creando un effetto a catena di positività e benessere nel mondo che ci circonda.

METTERE IN PRATICA

(1) Coltivare la consapevolezza per impegnarsi pienamente nell'esperienza e trovare gioia nel momento presente. Esempio: Prendetevi qualche minuto al giorno per sedervi in silenzio e concentrarvi sul vostro respiro, permettendovi di immergervi completamente nelle sensazioni e nei pensieri che sorgono. Questa pratica può aiutare a sviluppare un maggiore senso di presenza e di apprezzamento per i piccoli momenti di gioia nella vita quotidiana.

(2) Praticate la gratitudine riconoscendo ed esprimendo consapevolmente l'apprezzamento per le cose che spesso date per scontate. Esempio: Tenete un diario della gratitudine e scrivete ogni giorno tre cose per cui siete grati. Questo semplice esercizio può spostare l'attenzione sull'abbondanza della vostra vita e aumentare il vostro senso generale di appagamento e soddisfazione.

(3) Lasciate perdere la costante ricerca di ricchezza materiale e di conferme esterne e concentratevi sullo stato d'animo interno e sulla ricerca della gioia nel momento presente. Esempio: Invece di cercare costantemente il prossimo grande acquisto o di cercare la convalida degli altri, prendetevi del tempo per riflettere su ciò che vi rende veramente felici e appagati. Impegnatevi in attività che siano in linea con i vostri valori e che vi portino autentica gioia, che si tratti di trascorrere del tempo con i vostri cari, di dedicarvi a un hobby o di esplorare la natura.

(4) Abbracciate il concetto di eudaimonia allineando le vostre azioni al vostro potenziale di prosperità e benessere umano. Esempio: Stabilite obiettivi e propositi chiari che siano in linea con i vostri valori e vi aiutino a realizzare il vostro pieno potenziale. Concentratevi sulla crescita personale e sullo sviluppo nelle aree che vi portano un'autentica soddisfazione, che si tratti di migliorare le relazioni, imparare nuove abilità o coltivare il vostro benessere fisico e mentale.

(5) Integrate piccoli momenti di gioia nella vostra vita quotidiana per coltivare una visione più positiva e appagante. Esempio: Dedicate ogni giorno qualche minuto a un'attività che vi porti gioia, che si tratti di ascoltare la vostra musica preferita, praticare un hobby o gustare una tazza di tè. Inserendo intenzionalmente questi momenti

di gioia nella vostra routine, potete gradualmente spostare la vostra prospettiva verso una visione più positiva e appagante della vita.

9.3. GRATITUDINE DI FRONTE ALLE SFIDE

La gratitudine è un concetto profondo che ha un effetto profondo sulla nostra capacità di attraversare i momenti difficili con resilienza e forza. Nel contesto dello stoicismo e del lavoro con le ombre, praticare la gratitudine nei momenti di avversità può portare a una profonda trasformazione.

Quando incontriamo delle sfide, è naturale che la nostra attenzione si concentri sulle cose che non vanno o sugli ostacoli che si frappongono al nostro cammino. Tuttavia, coltivando una mentalità di gratitudine, possiamo spostare la nostra prospettiva e scoprire opportunità di crescita e di apprendimento anche in mezzo alle difficoltà.

Un modo per praticare la gratitudine di fronte alle sfide è cercare intenzionalmente i lati positivi o le benedizioni nascoste nelle situazioni difficili. Può essere semplice riconoscere le lezioni che stiamo imparando, la forza che stiamo costruendo o il sostegno che stiamo ricevendo dagli altri. Concentrandoci su questi aspetti, possiamo nutrire un senso di apprezzamento per il modo in cui le sfide contribuiscono al nostro sviluppo personale.

Inoltre, esprimere gratitudine per le cose che spesso diamo per scontate può avere un impatto particolarmente forte nei momenti difficili. Ad esempio, riconoscere il sostegno di amici e familiari, il tetto sopra la testa o il cibo sulla tavola. Riconoscendo consapevolmente l'abbondanza che già esiste nella nostra vita, possiamo spostare la nostra attenzione dalla scarsità e dalla paura verso un senso di abbondanza e di resilienza.

Praticare la gratitudine di fronte alle sfide significa anche modificare la nostra mentalità per concentrarci su ciò che è sotto il nostro controllo, piuttosto che rimuginare su ciò che non lo è. Questo ci permette di dirigere la nostra attenzione verso le azioni proattive che possiamo intraprendere, le risorse che possiamo utilizzare e il sostegno che possiamo cercare, piuttosto che sentirci sopraffatti da cose che vanno oltre la nostra influenza immediata.

Inoltre, l'integrazione degli aspetti ombra della gratitudine nei momenti di difficoltà può offrire un'opportunità di riflessione e crescita più profonda. Ciò significa riconoscere e affrontare qualsiasi sentimento sottostante di diritto, vittimismo o amarezza che possa essere presente e lavorare per rilasciare queste emozioni negative. Così facendo, possiamo aprirci a un'esperienza di gratitudine più genuina e autentica, priva dell'influenza del nostro io ombra.

Praticare la gratitudine di fronte alle sfide non significa negare le difficoltà che stiamo affrontando, ma piuttosto riconoscere la nostra capacità di trovare forza, resilienza e persino momenti di gioia in mezzo alla lotta. Si tratta di abbracciare una mentalità di abbondanza, anche quando la scarsità sembra prevalere, e di riconoscere che la gratitudine ha il potere di trasformare la nostra esperienza delle avversità.

Incorporando i principi dello stoicismo e del lavoro con le ombre nella nostra pratica della gratitudine, possiamo coltivare un senso di gratitudine più profondo e resistente che trascende la natura temporanea delle nostre sfide. Questo, a sua volta, può portare a un maggiore benessere emotivo, a una maggiore chiarezza mentale e a un rafforzato senso dello scopo, anche di fronte alle circostanze più difficili della vita.

METTERE IN PRATICA

(1) Coltivate una mentalità di gratitudine nei momenti difficili, cercando intenzionalmente i lati positivi o le benedizioni nascoste. Esempio: In mezzo a una pandemia globale, riconoscete l'opportunità di trascorrere più tempo con la famiglia e di dedicarvi a hobby o attività di sviluppo personale.

(2) Esprimere gratitudine per le cose che spesso si danno per scontate, come il sostegno di amici e familiari, il tetto sopra la testa o il cibo sulla tavola. Esempio: Dedicate un momento al giorno per ringraziare dell'amore e del sostegno ricevuto da un amico o da un familiare.

(3) Riformulare la mentalità per concentrarsi su ciò che è sotto il nostro controllo e adottare misure proattive per affrontare le sfide. Esempio: Invece di fissarsi sull'impatto incontrollabile di una situazione difficile, concentrarsi sulla creazione di un piano d'azione per superare ostacoli specifici.

(4) Integrare gli aspetti ombra della gratitudine, riconoscendo e affrontando i sentimenti di diritto, vittimismo o amarezza. Esempio: Riflettere sui sentimenti di diritto verso i beni materiali e lavorare per apprezzare il valore intrinseco delle esperienze e delle relazioni non materiali.

(5) Abbracciare la capacità di trovare forza, resilienza e momenti di gioia in mezzo alla lotta, senza negare le difficoltà affrontate. Esempio: Riconoscere la crescita personale e l'aumento della resilienza come risultato del superamento di una situazione impegnativa, pur riconoscendo le difficoltà intrinseche dell'esperienza.

(6) Incorporare i principi dello stoicismo e del lavoro con le ombre nella pratica della gratitudine per coltivare un senso di gratitudine più profondo e resistente. Esempio: Esplorare i principi filosofici dello stoicismo per sviluppare una mentalità che si concentri sull'accettazione e sulla gratitudine in mezzo alle avversità, riconoscendo l'impermanenza delle sfide.

9.4. RICONOSCERE GLI ASPETTI OMBRA DELLA GRATITUDINE

La gratitudine è comunemente considerata una pratica positiva ed edificante che porta gioia e soddisfazione nella nostra vita. Tuttavia, a un esame più attento, scopriamo che ci sono anche aspetti nascosti della gratitudine che meritano di essere riconosciuti e integrati. In questo capitolo esploreremo i lati meno conosciuti della gratitudine e come abbracciare queste ombre possa portare a un'esperienza di gratitudine più genuina e completa.

Uno degli aspetti ombra della gratitudine è l'inclinazione a sopprimere o negare le emozioni negative nel tentativo di essere grati. È naturale che gli individui si sentano in colpa per aver provato emozioni negative quando credono di dover essere grati per ciò che hanno. Questo conflitto interno può provocare dissonanza e agitazione interiore. Riconoscendo e accettando che le emozioni negative sono parte integrante dell'essere umano, possiamo promuovere un senso di gratitudine più equilibrato e autentico.

Un altro aspetto ombra della gratitudine è la tendenza a usarla come mezzo per aggirare o ignorare la sofferenza e il dolore autentici. Di fronte a circostanze difficili, alcuni individui possono costringersi a trovare qualcosa per cui essere grati, come modo per evitare di affrontare la vera profondità delle loro emozioni. Tuttavia, la vera gratitudine nasce da un luogo di autenticità e onestà. Permettendoci di sperimentare ed elaborare pienamente il dolore e la sofferenza, possiamo coltivare un senso di gratitudine più profondo per la resilienza e la forza che derivano da queste esperienze impegnative.

Inoltre, esiste un aspetto ombra della gratitudine che riguarda il confronto e la competizione. È comune che le persone paragonino la propria vita a quella degli altri e provino un senso di diritto o di risentimento quando percepiscono che gli altri hanno più cose per cui essere grati. Questo confronto può portare a una comprensione distorta e superficiale della gratitudine. Riconoscendo e affrontando i sentimenti di invidia o inadeguatezza, possiamo promuovere un senso di gratitudine più genuino e inclusivo, che supera il confronto e la competizione.

Infine, c'è un aspetto ombra della gratitudine che riguarda l'autocompiacimento e la passività. A volte, gli individui utilizzano la gratitudine come mezzo per evitare di agire o di apportare i cambiamenti necessari nella loro vita. Possono convincersi di dover essere grati per ciò che hanno e, di conseguenza, evitare di impegnarsi per ottenere di più. Questo può ostacolare la crescita e lo sviluppo personale. Riconoscendo e sfidando questo autocompiacimento, possiamo integrare la gratitudine in modo da motivarci a perseguire le nostre aspirazioni apprezzando ciò che già possediamo.

Riconoscendo questi aspetti ombra della gratitudine, possiamo coltivare una comprensione più completa e matura della gratitudine. Abbracciare l'intera gamma delle nostre emozioni ed esperienze ci permette di avvicinarci alla gratitudine con autenticità, compassione e profondità. Questo approccio integrato alla gratitudine può portare a una vita più resiliente e soddisfacente, in cui si apprezzano sia le luci che le ombre che compongono l'intricato arazzo dell'esistenza umana.

METTERE IN PRATICA

(1) Riconoscere e accettare le emozioni negative come parte naturale dell'esperienza umana, anche quando si pratica la gratitudine. Esempio: Invece di sentirvi in colpa per aver provato emozioni negative mentre praticate la gratitudine, riconoscete che è normale provare sentimenti contrastanti e permettete a voi stessi di sperimentare ed esprimere pienamente queste emozioni. Ad esempio, se vi sentite grati per il vostro lavoro ma anche frustrati per un progetto difficile, riconoscete e accettate entrambe le emozioni senza giudicarle.

(2) Permettete a voi stessi di sperimentare ed elaborare pienamente il dolore e la sofferenza, invece di aggirarli o ignorarli in nome della gratitudine. Esempio: Invece di cercare di trovare qualcosa per cui essere grati in una situazione difficile, permettetevi di sentire ed elaborare pienamente il dolore o la sofferenza. Ad esempio, se avete subito una perdita, datevi il tempo di elaborare il lutto e di riconoscere la profondità delle vostre emozioni, il che può portare a un senso di gratitudine più profondo per la resilienza e la forza che emergono dall'affrontare esperienze difficili.

(3) Affrontare e sfidare i sentimenti di invidia o di inadeguatezza quando si confronta la propria vita con quella degli altri, per coltivare un senso di gratitudine genuino e inclusivo. Esempio: Invece di provare risentimento per ciò che gli altri hanno o di sentirsi inadeguati al confronto, spostate la vostra attenzione sull'apprezzamento e la celebrazione dei loro successi. Ad esempio, se un amico raggiunge un traguardo personale, congratulatevi con lui

e riflettete su come il suo risultato aggiunga valore al vostro percorso, aumentando il senso di gratitudine per le relazioni e le pietre miliari della vostra vita.

(4) Sfidate l'autocompiacimento e la passività usando la gratitudine come motivazione per la crescita e lo sviluppo personale. Esempio: Invece di usare la gratitudine come scusa per non impegnarsi di più, usatela come trampolino di lancio per perseguire le vostre aspirazioni apprezzando ciò che già avete. Ad esempio, se siete grati per il vostro lavoro attuale ma aspirate a fare carriera, lasciate che la gratitudine alimenti la vostra motivazione a cercare opportunità di crescita e sviluppo, pur apprezzando il momento presente.

(5) Avvicinatevi alla gratitudine con autenticità, compassione e profondità, abbracciando l'intero spettro di emozioni ed esperienze. Esempio: Invece di concentrarsi solo sugli aspetti positivi della gratitudine, riconoscete e apprezzate sia le luci che le ombre della vostra vita. Per esempio, riflettete su come i momenti di avversità o le sfide abbiano contribuito alla vostra crescita personale e apprezzate la profondità e la ricchezza che hanno aggiunto alla vostra esperienza complessiva di gratitudine.

9.5. COLTIVARE LA GIOIA DURATURA ATTRAVERSO LA GRATITUDINE

Coltivare un senso di gioia duraturo attraverso la gratitudine è un aspetto fondamentale sia dello stoicismo che del lavoro con le ombre. La pratica della gratitudine ci permette di spostare l'attenzione da ciò che ci manca nella nostra vita all'abbondanza che ci circonda. Lo stoicismo, da un lato, ci insegna a trovare l'appagamento nel momento presente, mentre il lavoro con le ombre ci incoraggia a riconoscere e apprezzare anche le più piccole vittorie e benedizioni che ci capitano.

Per coltivare una gioia duratura attraverso la gratitudine, un approccio efficace è quello di stabilire una pratica quotidiana di gratitudine. Può essere semplice come prendersi qualche momento al giorno per riflettere sulle cose per cui siamo grati. Può trattarsi della nostra salute, del sostegno dei nostri cari, di un bel tramonto o magari solo di una confortante tazza di tè. Riconoscendo e apprezzando costantemente queste benedizioni, alleniamo la nostra mente a concentrarsi sugli aspetti positivi della nostra vita. Questo cambiamento di prospettiva porta, in ultima analisi, a un maggiore senso di gioia e appagamento.

Inoltre, integrare la gratitudine nella nostra vita significa riconoscere che, anche di fronte alle sfide e alle difficoltà, ci sono ancora cose per cui essere grati. Non significa ignorare o minimizzare le difficoltà che possiamo incontrare, ma piuttosto riconoscere che ci sono ancora momenti di gioia e bellezza in mezzo alle difficoltà. Abbracciando gli aspetti ombra della gratitudine, possiamo coltivare un apprezzamento più profondo e genuino per la ricchezza della vita, anche in mezzo alle avversità.

Inoltre, praticare la gratitudine nei momenti difficili può aiutarci a sviluppare la resilienza e la forza interiore. Quando riconosciamo le cose per cui siamo grati, anche nei momenti difficili, siamo meglio attrezzati per trovare un senso di pace e stabilità dentro di noi. Questo non significa negare o reprimere le emozioni negative che emergono nei momenti difficili, ma piuttosto trovare un equilibrio tra il riconoscimento delle sfide e il riconoscimento degli aspetti positivi della nostra vita.

Inoltre, la gratitudine può favorire un senso di interconnessione con gli altri e con il mondo che ci circonda. Quando esprimiamo gratitudine per le persone che ci sostengono e si prendono cura di noi, per la bellezza della natura che ci circonda o per i semplici piaceri della vita, sviluppiamo un maggiore senso di compassione ed empatia. Questo, a sua volta, porta a relazioni più profonde e significative e a una connessione più forte con il mondo in generale.

Coltivare una gioia duratura attraverso la gratitudine è una pratica continua che richiede uno sforzo e un'intenzione costanti. Combinando i principi dello stoicismo, come la contentezza e l'accettazione, con le intuizioni acquisite dal lavoro con le ombre, possiamo sviluppare un senso di gioia profondo e duraturo che non dipende dalle circostanze esterne. Questo ci permette di trovare pace e appagamento nel momento presente, mentre continuiamo ad affrontare le sfide e le complessità della vita.

Coltivando la gratitudine e riconoscendo i suoi aspetti ombra, possiamo scoprire una gioia e una soddisfazione durature nella nostra vita. Questo, a sua volta, porta a una maggiore resilienza, a un più profondo senso di connessione con gli altri e a un più profondo apprezzamento della bellezza e dell'abbondanza del mondo che ci circonda. Integrando la gratitudine nella nostra vita quotidiana, possiamo continuare il percorso di crescita personale e di scoperta di noi stessi con un senso di pace e di appagamento interiore.

METTERE IN PRATICA

(1) Mettete in atto una pratica quotidiana di gratitudine: Dedicate ogni giorno qualche momento a riflettere sulle cose per cui siete grati, come la vostra salute, il sostegno dei vostri cari, un bel tramonto o una tazza di tè caldo. Riconoscendo costantemente queste benedizioni, allenate la vostra mente a concentrarsi sugli aspetti positivi della vostra vita. Esempio: Ogni mattina, dedicate cinque minuti a scrivere tre cose per cui vi sentite grati. Può trattarsi di qualcosa di semplice come avere un letto comodo in cui dormire, una colazione sana o una conversazione gentile con un amico. Iniziando la giornata con gratitudine, si stabilisce un tono positivo per il resto della giornata.

(2) Abbracciare la gratitudine di fronte alle sfide: Riconoscere che anche nei momenti difficili ci sono ancora momenti di gioia e bellezza per cui essere grati. Questo non significa ignorare o minimizzare le difficoltà, ma piuttosto trovare un equilibrio tra il riconoscimento delle difficoltà e il riconoscimento degli aspetti positivi. Esempio: Se state attraversando un periodo difficile al lavoro, prendetevi un momento ogni giorno per riconoscere qualcosa di positivo del vostro lavoro. Potrebbe trattarsi delle competenze che state imparando, dell'opportunità di crescita personale o dei colleghi che vi sostengono. Se trovate gratitudine anche di fronte alle avversità, potete cambiare prospettiva e trovare forza e resilienza.

(3) Esprimere gratitudine verso gli altri e il mondo: Sviluppare un maggiore senso di compassione ed empatia esprimendo gratitudine per le persone che vi sostengono e si prendono cura di voi, per la bellezza della natura o per i semplici piaceri della vita. Questo può portare a relazioni più profonde e significative e a una connessione più forte con il mondo circostante. Esempio: Prendetevi del tempo ogni settimana per scrivere un biglietto di ringraziamento o inviare un messaggio di apprezzamento a qualcuno che ha avuto un impatto positivo nella vostra vita. Può trattarsi di un amico intimo, di un mentore o anche di uno sconosciuto che vi ha mostrato gentilezza. Esprimendo la vostra gratitudine, non solo fate sentire l'altra persona apprezzata, ma coltivate anche un senso di interconnessione e un più profondo apprezzamento per le relazioni nella vostra vita.

(4) Integrare i principi stoici nella pratica della gratitudine: Combinate i principi stoici della contentezza e dell'accettazione con la vostra pratica della gratitudine per sviluppare un senso di gioia profonda e duratura che non dipende dalle circostanze esterne. Esempio: Di fronte a una delusione o a una battuta d'arresto, ricordate a voi stessi il principio stoico di concentrarvi su ciò che è sotto il vostro controllo. Prendetevi un momento per riflettere su ciò per cui potete essere grati in quella situazione, come le lezioni apprese, l'opportunità di crescita o la forza che avete sviluppato. Integrando i principi stoici nella vostra pratica della gratitudine, potrete trovare pace e appagamento anche nei momenti difficili.

10. Il viaggio in avanti: Sostenere la crescita e l'integrazione

> **10.1. RIFLETTERE SUI PROPRI PROGRESSI**

Guardare indietro al proprio percorso è un aspetto essenziale della filosofia stoica e del lavoro con le ombre. Permette di valutare la propria crescita personale, di riconoscere i cambiamenti fatti e le sfide superate. Questa pratica non solo promuove l'autoconsapevolezza, ma offre anche un'opportunità di gratitudine, resilienza e auto-riflessione continua.

Nell'ambito dello Stoicismo, la riflessione sui propri progressi si allinea al principio dell'autoesame. Gli antichi stoici sottolineavano l'importanza dell'introspezione e dell'auto-riflessione per comprendere il proprio carattere e cercare di migliorare la propria persona. Riflettendo regolarmente sui propri pensieri, sulle proprie azioni e sulle risposte agli eventi esterni, si acquisisce una visione dei propri punti di forza e di debolezza, che consente di coltivare la virtù e di vivere in armonia con la natura.

Nel campo del lavoro con l'ombra, riflettere sui propri progressi è fondamentale per integrare i propri aspetti ombra. Si tratta di riconoscere la crescita e la trasformazione che si sono verificate come risultato dell'aver affrontato e abbracciato il proprio sé ombra. Riconoscendo i cambiamenti nei comportamenti, nelle relazioni e negli schemi emotivi, si ottiene una comprensione più profonda di come l'integrazione dell'ombra abbia influenzato la propria vita.

Il diario è un modo efficace per esercitarsi a riflettere sui propri progressi. Tenendo un diario, potete tenere traccia dei vostri pensieri e delle vostre emozioni, documentare i momenti di crescita e identificare gli schemi ricorrenti o i fattori scatenanti legati ai vostri aspetti ombra. Rileggere regolarmente le voci del diario fornisce una prospettiva sul proprio percorso e sui passi compiuti verso il miglioramento personale.

Dedicare del tempo all'introspezione è un'altra pratica preziosa per riflettere sui propri progressi. Si può trattare di meditazione, esercizi di mindfulness o semplicemente di trovare uno spazio tranquillo per contemplare le proprie esperienze. Riflettendo intenzionalmente sui vostri pensieri, emozioni e comportamenti, otterrete chiarezza sui cambiamenti avvenuti in voi e sulle aree che richiedono ancora attenzione e crescita.

Riflettere sui propri progressi apre anche la porta a coltivare la gratitudine. Riconoscendo i progressi compiuti nel vostro viaggio alla scoperta di voi stessi, sviluppate un apprezzamento per la resilienza e il coraggio che vi sono serviti per affrontare i vostri aspetti ombra. Questa gratitudine è una fonte di forza e di motivazione per continuare a navigare nelle complessità del vostro mondo interiore.

Inoltre, riflettere sui propri progressi offre un'opportunità di autocompassione. Riconoscendo le sfide che avete affrontato e i passi avanti che avete fatto nel vostro sviluppo personale, potete essere gentili e comprensivi con voi stessi. Questa pratica di autocompassione è fondamentale per mantenere il benessere emotivo e favorire un rapporto positivo con il proprio io.

La riflessione sui propri progressi è una pratica poliedrica che combina i principi stoici e il lavoro con le ombre. Vi permette di riconoscere la vostra crescita, rafforza la vostra resilienza e favorisce una connessione più profonda con voi stessi. Abbracciando questa pratica, potete coltivare un maggiore senso di autoconsapevolezza, gratitudine e compassione, sostenendo così il vostro continuo viaggio di trasformazione e integrazione personale.

METTERE IN PRATICA

(1) Praticare un'auto-riflessione regolare per valutare la crescita personale e identificare le sfide superate. Esempio: Dedicate ogni settimana del tempo a riflettere sui vostri pensieri, sulle vostre azioni e sulle vostre risposte agli eventi esterni. Tenete un diario per tenere traccia dei vostri progressi e identificare le aree di crescita.

(2) Incorporare il principio stoico dell'autoesame, riflettendo regolarmente sul proprio carattere e cercando di migliorarlo. Esempio: Prima di andare a letto ogni sera, prendetevi qualche momento per riflettere sulle vostre azioni durante la giornata. Considerate se ci sono stati casi in cui avreste potuto reagire in modo diverso e usate questa riflessione per guidare il vostro comportamento il giorno dopo.

(3) Usare il diario come strumento di riflessione, di tracciamento dei pensieri e delle emozioni e di identificazione degli schemi legati agli aspetti ombra. Esempio: Iniziate un diario in cui annotare quotidianamente i vostri pensieri e le vostre emozioni. Analizzate le vostre annotazioni ogni settimana per identificare gli schemi ricorrenti e i fattori scatenanti legati al vostro sé ombra. Utilizzate questa consapevolezza per apportare cambiamenti intenzionali al vostro comportamento.

(4) Dedicate del tempo all'introspezione, attraverso la meditazione, gli esercizi di mindfulness o la ricerca di uno spazio tranquillo per contemplare le esperienze. Esempio: Dedicate 15 minuti ogni mattina alla meditazione e alla riflessione. Sedetevi in uno spazio tranquillo, concentratevi sul vostro respiro e lasciate che i pensieri e le emozioni affiorino. Utilizzate questo tempo per fare chiarezza sui cambiamenti avvenuti in voi e per pianificare le azioni necessarie per un'ulteriore crescita.

(5) Coltivare la gratitudine riconoscendo i progressi fatti nel viaggio di scoperta di sé e accogliendo gli aspetti in ombra. Esempio: Creare una pratica di gratitudine scrivendo ogni giorno tre cose per cui si è grati, concentrandosi sui progressi fatti e sulle lezioni apprese dall'abbracciare il proprio sé ombra. Questa pratica aiuterà a

promuovere una mentalità positiva e l'apprezzamento per la vostra crescita personale.

(6) Praticare l'autocompassione riconoscendo le sfide affrontate e i passi avanti fatti nello sviluppo personale. Esempio: Ogni volta che affrontate una battuta d'arresto o vi sentite scoraggiati, ricordate a voi stessi le sfide che avete superato e i progressi che avete fatto. Trattatevi con gentilezza e comprensione, riconoscendo che la crescita personale richiede tempo e impegno.

10.2. MANTENERE UNA PRATICA QUOTIDIANA

Per incorporare veramente i principi dello stoicismo e del lavoro con le ombre nella vostra vita, è fondamentale stabilire una pratica quotidiana che sia efficace e sostenibile. La costanza è fondamentale quando si tratta di crescita personale e di scoperta di sé. Implementando una routine che incorpori la consapevolezza, l'autoriflessione e l'azione intenzionale, è possibile creare una solida base per esperienze trasformative.

Iniziare con piccoli passi e costruirli gradualmente è uno dei modi più efficaci per mantenere una pratica quotidiana. Molti individui commettono l'errore di cercare di adottare troppe nuove abitudini in una volta sola, il che può diventare rapidamente opprimente e portare al burnout. Concentratevi invece sull'identificazione di una o due pratiche chiave che vi colpiscono profondamente e impegnatevi a integrarle nella vostra routine quotidiana. Che si tratti di un diario, della meditazione o di un esercizio di gratitudine, scegliete attività che siano in linea con i vostri obiettivi e le vostre priorità.

Inoltre, la definizione di obiettivi specifici e la creazione di un programma strutturato possono contribuire in modo significativo a mantenere la pratica quotidiana. Quando si ha una chiara comprensione di ciò che si vuole ottenere e un piano su come raggiungerlo, è più probabile che si rimanga motivati e impegnati. Per esempio, se il vostro obiettivo è coltivare la resilienza emotiva, potete programmare ogni mattina un momento di meditazione e di auto-riflessione per rafforzare il vostro benessere mentale ed emotivo.

Integrare la responsabilità nella vostra pratica quotidiana può essere un potente stimolo per sostenere il vostro impegno di crescita. Che si tratti di trovare un mentore, di unirsi a un gruppo di sostegno o semplicemente di condividere i propri obiettivi con un amico fidato, avere qualcuno che vi incoraggi e vi responsabilizzi può fare una differenza significativa nella vostra capacità di mantenere la pratica. Inoltre, il sostegno e la guida esterni possono offrire intuizioni e prospettive preziose che possono migliorare il vostro viaggio alla scoperta di voi stessi.

È importante ricordare che mantenere una pratica quotidiana non significa raggiungere la perfezione, ma piuttosto la costanza e il progresso. Ci saranno inevitabilmente giorni in cui la vita diventerà caotica e sarà difficile dare priorità alla crescita personale. In questi momenti è fondamentale essere gentili con se stessi e riconoscere che è giusto affrontare momenti di resistenza o battute d'arresto. Invece di percepirli come fallimenti, considerateli come opportunità di apprendimento e di crescita.

Un altro aspetto essenziale del mantenimento di una pratica quotidiana è mantenere una mentalità aperta e adattabile. Approfondendo lo stoicismo e il lavoro con le ombre, potreste scoprire che alcune pratiche specifiche risuonano con voi più di altre, o che le vostre esigenze e priorità si evolvono nel tempo. Essere disposti ad adattare e modificare la vostra routine quotidiana in base a ciò che vi serve di più nel momento presente è una componente vitale di uno sviluppo personale sostenibile.

Mantenere una pratica quotidiana richiede dedizione, consapevolezza di sé e un impegno genuino per la propria crescita e il proprio benessere. Coltivando una routine coerente che integri i principi dello stoicismo e del lavoro con le ombre, potete stabilire una base potente per una trasformazione sostenibile e una vita più consapevole e soddisfacente. Ricordate che ogni piccolo passo che fate per mantenere la vostra pratica quotidiana è una parte importante del vostro continuo viaggio alla scoperta di voi stessi e della vostra crescita.

METTERE IN PRATICA

(1) Iniziate con poco e costruite gradualmente la vostra pratica quotidiana: Invece di sovraccaricarvi di troppe nuove abitudini in una sola volta, concentratevi su una o due pratiche chiave che vi convincono. Per esempio, iniziate con 5 minuti di meditazione ogni mattina e aumentate gradualmente la durata nel tempo.

(2) Stabilite obiettivi specifici e create un programma strutturato: Definite chiaramente ciò che volete ottenere con la vostra pratica quotidiana e create un programma che preveda un tempo dedicato alle attività che avete scelto. Per esempio, se il vostro obiettivo è migliorare la forma fisica, programmate ogni giorno una sessione di allenamento o di yoga.

(3) Incorporate la responsabilità nella vostra pratica quotidiana: Trovate un mentore, unitevi a un gruppo di sostegno o condividete i vostri obiettivi con un amico o un partner fidato. Avere qualcuno che vi responsabilizzi e vi dia sostegno e incoraggiamento può aumentare notevolmente la vostra motivazione e il vostro impegno. Per esempio, potete unirvi a un gruppo di meditazione online dove potete condividere le vostre esperienze e i vostri progressi.

(4) Siate gentili con voi stessi e accettate le battute d'arresto come opportunità di apprendimento: Comprendete che mantenere una pratica quotidiana non significa raggiungere la perfezione. Ci saranno giorni in cui la vita sarà piena di impegni o in cui si sentirà una certa resistenza. Invece di considerare questi momenti come fallimenti, vedeteli come opportunità per imparare e crescere. Per esempio, se saltate un giorno di diario, riconoscetelo e usatelo come promemoria per dare priorità alla vostra pratica il giorno successivo.

(5) Mantenete una mentalità aperta e flessibile nell'adattare la vostra pratica quotidiana: Mentre esplorate diverse pratiche, siate disposti ad adattare e modificare la vostra routine in base a ciò che vi serve di più nel momento presente. Le vostre esigenze e priorità possono evolvere nel tempo ed è importante essere aperti a nuove possibilità. Per esempio, se vi accorgete che il diario non è più di vostro

gradimento, provate a incorporare un'altra forma di auto-riflessione, come l'arte o le passeggiate nella natura.

(6) Coltivate la dedizione, la consapevolezza di voi stessi e un impegno genuino per la vostra crescita: Ricordate che mantenere una pratica quotidiana richiede sforzo e un profondo impegno personale. Dedicatevi ai vostri obiettivi, siate consapevoli dei vostri progressi e delle vostre sfide e date veramente priorità alla vostra crescita e al vostro benessere. Ad esempio, controllate regolarmente con voi stessi per valutare l'impatto della vostra pratica quotidiana sul vostro senso di appagamento generale e apportate le modifiche necessarie. Esempio: Supponiamo che Sarah voglia incorporare la mindfulness nella sua vita quotidiana, ma si senta sopraffatta dal tentativo di inserirla nei suoi impegni. Decide di iniziare in piccolo, dedicando solo 5 minuti al giorno alla pratica della meditazione mindfulness. Si pone l'obiettivo specifico di aumentare la durata di 1 minuto ogni settimana. Sarah crea anche un programma strutturato per dedicare quei 5 minuti ogni mattina prima di iniziare la giornata lavorativa. Per essere responsabile, Sarah condivide il suo obiettivo con la sua migliore amica, che vuole anch'essa sviluppare una pratica di mindfulness. Decidono di incontrarsi ogni settimana per condividere le loro esperienze e darsi sostegno. Sarah capisce che ci possono essere giorni in cui si dimentica o si sente troppo occupata, ma invece di essere dura con se stessa, vede questi momenti come opportunità di apprendimento e rimane impegnata nella sua pratica. Nel proseguire il suo percorso di mindfulness, Sarah mantiene una mentalità aperta e disposta a modificare la sua pratica in base all'evoluzione delle sue esigenze e preferenze. Riconosce che mantenere una pratica quotidiana richiede dedizione, consapevolezza di sé e un impegno genuino per la propria crescita e il proprio benessere.

10.3. SUPERARE LE DIFFICOLTÀ E LE SFIDE

Affrontare e superare battute d'arresto e sfide è una parte inevitabile della vita, soprattutto quando si pratica lo stoicismo e il lavoro con le ombre. La filosofia stoica ci insegna che abbiamo il controllo sulla nostra risposta agli eventi esterni, anche se non possiamo controllare gli eventi stessi. Allo stesso modo, il lavoro con le ombre ci aiuta ad affrontare e integrare gli aspetti più oscuri della nostra natura che spesso emergono nei momenti difficili. In questo capitolo esploreremo come applicare i principi stoici e le tecniche di integrazione dell'ombra per superare le difficoltà e le sfide.

Quando ci si imbatte in una battuta d'arresto, è fondamentale riconoscere e accettare le emozioni che ne derivano. È qui che l'intersezione tra stoicismo e lavoro con le ombre diventa particolarmente potente. Accogliendo le emozioni scomode e accettando le nostre imperfezioni, possiamo affrontare le battute d'arresto con vulnerabilità e autenticità. Invece di negare o reprimere queste emozioni, possiamo imparare a sederci con loro e a comprenderne le cause sottostanti. Questo processo approfondisce la nostra autoconsapevolezza, essenziale per affrontare le sfide in modo efficace.

Lo stoicismo sottolinea l'importanza di mantenere la resilienza interiore di fronte alle difficoltà esterne. Riconoscendo ciò che possiamo e non possiamo controllare, possiamo indirizzare le nostre energie verso gli aspetti di un contrattempo che possiamo influenzare. Questo principio non solo ci aiuta a rinunciare a un attaccamento malsano alle cose che sfuggono al nostro controllo, ma ci permette anche di concentrarci sull'azione costruttiva laddove è possibile. Quando si tratta di lavoro sull'ombra, questo approccio ci permette di integrare gli aspetti ombra del controllo, trasformando la paura e l'ansia in un senso di potere e di agenzia.

Inoltre, la pratica della mindfulness stoica è incredibilmente utile quando si superano le battute d'arresto e le sfide. La mindfulness consiste nell'osservare i nostri pensieri e le nostre emozioni senza giudicare, fornendo una prospettiva preziosa di fronte alle avversità.

Praticando le tecniche di mindfulness stoica, coltiviamo la resilienza emotiva e sviluppiamo una maggiore capacità di affrontare le situazioni difficili con chiarezza e compostezza. Se combinata con i principi dell'integrazione dell'ombra, questa mindfulness ci permette di accogliere consapevolmente le emozioni dell'ombra, invece di esserne sopraffatti.

Inoltre, il processo di integrazione delle ombre può essere determinante per superare le battute d'arresto. Riconoscendo e abbracciando gli aspetti oscuri della resilienza, possiamo trasformare il dolore in crescita e costruire la nostra forza mentale ed emotiva. Si tratta di affrontare la nostra natura più oscura e di trovare la forza di andare avanti, anche di fronte a sfide importanti. Integrando la nostra ombra, attingiamo a un pozzo di forza interiore e di resilienza che spesso giace dormiente dentro di noi.

La combinazione di stoicismo e lavoro con le ombre offre un approccio completo per superare le difficoltà e le sfide. Accogliendo le emozioni scomode, riconoscendo i nostri limiti e coltivando la consapevolezza e la resilienza, possiamo affrontare le avversità con grazia e forza. Questo approccio integrato ci permette di affrontare le battute d'arresto con consapevolezza e scopo, portando a una profonda crescita e trasformazione personale.

METTERE IN PRATICA

(1) Accogliere le emozioni scomode e accettare le imperfezioni
Esempio: Di fronte a una battuta d'arresto, invece di negare o reprimere le emozioni spiacevoli, sedetevi intenzionalmente con esse e riflettete sulle loro cause sottostanti. Ad esempio, se una domanda di lavoro viene rifiutata, permettetevi di provare la delusione e riconoscete che il rifiuto è una parte normale del processo. Accogliere queste emozioni e accettare le imperfezioni può portare a una maggiore consapevolezza di sé e a una mentalità più sana nell'affrontare le sfide.

(2) Coltivare la resilienza interiore concentrandosi su ciò che si può controllare Esempio: Invece di soffermarsi su fattori esterni che sfuggono al vostro controllo, come il tempo o le azioni di altre persone, dirigete la vostra energia verso gli aspetti di un contrattempo che potete influenzare. Per esempio, se una relazione finisce,

concentratevi sulla vostra crescita personale e sulla vostra guarigione piuttosto che cercare di cambiare le decisioni dell'altra persona. Questo cambiamento di mentalità vi permette di lasciare andare gli attaccamenti malsani e di agire in modo costruttivo laddove è possibile.

(3) Praticare tecniche di mindfulness stoica per sviluppare la resilienza emotiva Esempio: Quando vi trovate ad affrontare le avversità, mettete in atto pratiche di mindfulness che prevedono l'osservazione dei vostri pensieri e delle vostre emozioni senza giudicare. Ad esempio, se ricevete un feedback negativo su un progetto, prendetevi un momento di pausa e osservate i pensieri o le emozioni negative che emergono senza reagire impulsivamente. Coltivando la resilienza emotiva attraverso la mindfulness stoica, potrete affrontare le situazioni difficili con chiarezza e compostezza.

(4) Integrare gli aspetti ombra della resilienza per trasformare il dolore in crescita: Riconoscere e affrontare gli aspetti più oscuri di sé, come i dubbi o la paura, quando ci si trova di fronte a una battuta d'arresto. Per esempio, se non riuscite a superare un esame importante, esplorate la paura di non essere abbastanza bravi o di non raggiungere i vostri obiettivi. Integrando questi aspetti ombra e trovando la forza di andare avanti, potete trasformare il dolore in opportunità di crescita. Questo processo aiuta a costruire una resistenza mentale ed emotiva che può essere applicata alle sfide future.

(5) Affrontare le battute d'arresto con consapevolezza di sé e dei propri obiettivi: Di fronte alle battute d'arresto, prendetevi un momento per riflettere sui vostri valori e sugli obiettivi a lungo termine. Ad esempio, se un'impresa commerciale fallisce, ricordate a voi stessi lo scopo che sta alla base dei vostri sforzi e l'impatto che vi sforzate di avere. Questa consapevolezza di sé e la mentalità orientata allo scopo consentono di affrontare le battute d'arresto con resilienza e determinazione, portando alla crescita personale e alla trasformazione.

10.4. CERCARE SOSTEGNO E COMUNITÀ

Nel perseguire lo stoicismo e il lavoro con le ombre, è fondamentale riconoscere il valore della ricerca di sostegno e

dell'appartenenza a una comunità. Sebbene gran parte di questo viaggio implichi la riflessione e l'introspezione personale, avere un sistema di supporto e un senso di comunità può fornire un prezioso incoraggiamento, una guida e una responsabilità lungo il percorso.

Quando ci si confronta con l'ombra e si esplorano le profondità della nostra psiche, è comune incontrare sfide e turbolenze emotive. Avere un sistema di supporto offre uno spazio sicuro per esprimere queste difficoltà e ricevere empatia e comprensione. Che si tratti di un amico fidato, di un terapeuta o di un gruppo di sostegno, avere qualcuno con cui parlare può alleviare il senso di isolamento che spesso accompagna il lavoro con l'ombra.

Inoltre, far parte di una comunità di persone che la pensano allo stesso modo e che stanno percorrendo il cammino dello stoicismo e del lavoro con le ombre può fornire un senso di appartenenza e di convalida. L'interazione con altri che stanno navigando in paesaggi interiori simili può normalizzare le esperienze e le sfide che sorgono durante questo processo. Condividere le intuizioni, imparare dai viaggi degli altri e offrire sostegno reciproco può contribuire notevolmente alla crescita personale e alla resilienza.

Oltre al sostegno emotivo, una comunità può anche fornire risorse e strumenti preziosi per lo sviluppo personale. Possono essere consigliate letture, pratiche di mindfulness o esercizi pratici per integrare i principi stoici e confrontarsi con l'ombra. Attingendo alla saggezza collettiva e alle esperienze della comunità, gli individui possono migliorare la loro comprensione dello stoicismo e del lavoro con l'ombra e scoprire nuovi approcci alla propria crescita personale.

Il sostegno e la responsabilità che derivano dall'appartenenza a una comunità possono anche aiutare gli individui a mantenere il loro impegno nella pratica. Non è raro incontrare resistenze, dubbi o la tentazione di abbandonare del tutto il viaggio. Tuttavia, essere circondati da una comunità può fornire motivazione e incoraggiamento a continuare il lavoro, anche di fronte alle avversità. Sapere che altri stanno percorrendo un cammino simile serve a ricordare la forza e la resilienza collettiva che nascono dalle esperienze condivise.

Inoltre, la ricerca di sostegno e di una comunità si allinea alla filosofia stoica che riconosce la nostra interconnessione con gli altri e l'importanza di contribuire al benessere della società. Impegnandosi in una comunità, gli individui possono incarnare la virtù stoica della giustizia, riconoscendo il vantaggio reciproco di sostenere ed essere sostenuti dagli altri.

Cercare sostegno e comunità nel contesto dello stoicismo e del lavoro con le ombre incarna il principio stoico dell'oikeiôsis, che enfatizza la nostra naturale inclinazione e preoccupazione per gli altri. Collegandosi con gli altri e ricevendo sostegno, gli individui possono coltivare un senso di appartenenza e di interconnessione che è fondamentale per lo sviluppo personale olistico.

Per illustrare l'impatto della ricerca di sostegno e comunità, consideriamo la storia di John. Inizialmente, John ha intrapreso il suo viaggio nello stoicismo e nel lavoro con le ombre in solitudine. Pur avendo fatto progressi significativi, spesso faticava a rimanere motivato e a mantenere la coerenza nella sua pratica. Tuttavia, quando si è unito a un gruppo di discussione stoico locale, John ha trovato immenso valore nell'impegnarsi con altre persone che condividevano valori e aspirazioni simili. La comunità gli ha fornito consigli pratici, sostegno emotivo e un rinnovato senso dello scopo, favorendo la sua crescita e l'integrazione dello stoicismo e del lavoro con le ombre.

Cercare sostegno e far parte di una comunità è un aspetto vitale dell'integrazione tra stoicismo e lavoro ombra. Impegnandosi con gli altri, gli individui possono ricevere sostegno emotivo, ottenere risorse preziose, trovare motivazione e abbracciare l'interconnessione che è al centro della filosofia stoica. Abbracciare un senso di comunità arricchisce e sostiene il processo continuo di scoperta di sé e di crescita personale.

> **METTERE IN PRATICA**

(1) Cercare un sistema di supporto o una comunità per avere una guida e un incoraggiamento durante il cammino dello stoicismo e del lavoro con le ombre. Esempio: Una persona che sta esplorando lo stoicismo e il lavoro con le ombre si unisce a un gruppo di sostegno locale dove può condividere le proprie sfide, ricevere empatia e ricevere indicazioni da altri che stanno percorrendo un cammino simile.

(2) Rivolgersi a un amico fidato, a un terapeuta o a un gruppo di sostegno per avere uno spazio sicuro in cui esprimere le proprie difficoltà e ricevere comprensione durante il processo di lavoro con l'ombra. Esempio: Sarah, che sta scavando nella sua psiche attraverso il lavoro sull'ombra, incontra regolarmente il suo terapeuta per discutere delle sue sfide emotive e ricevere sostegno e comprensione.

(3) Connettersi con una comunità di persone che la pensano allo stesso modo e che praticano lo stoicismo e il lavoro con le ombre per normalizzare le esperienze e offrire sostegno reciproco. Esempio: John si unisce a una comunità online dedicata allo stoicismo e al lavoro con le ombre, dove i membri condividono intuizioni, imparano dai rispettivi percorsi e si sostengono a vicenda.

(4) Utilizzare le risorse e gli strumenti forniti dalla comunità per lo sviluppo personale, come letture consigliate, pratiche di mindfulness o esercizi pratici. Esempio: Emily, interessata allo stoicismo e al lavoro con le ombre, esplora le letture consigliate da una comunità stoica e incorpora le pratiche di mindfulness nella sua routine quotidiana.

(5) Accogliere il sostegno e la responsabilità forniti dalla comunità per rimanere impegnati nella pratica dello stoicismo e del lavoro con le ombre, anche di fronte alla resistenza o al dubbio. Esempio: David, che occasionalmente si sente demotivato nella sua pratica stoica, frequenta regolarmente gli incontri del gruppo di discussione stoica dove trova motivazione e incoraggiamento per continuare il suo percorso.

(6) Riconoscere l'interconnessione con gli altri e contribuire al benessere della società impegnandosi in una comunità, incarnando la virtù stoica della giustizia. Esempio: Lisa partecipa attivamente

all'organizzazione della sua comunità locale, dove sostiene ed è sostenuta da altri, promuovendo un senso di interconnessione e contribuendo al benessere della società.

(7) Coltivare un senso di appartenenza e di interconnessione cercando il sostegno e la comunità, allineandosi al principio stoico dell'oikeiôsis, ovvero l'affinità naturale verso gli altri e la preoccupazione per loro. Esempio: Mark, che sta lavorando all'integrazione dello stoicismo e del lavoro con le ombre, si unisce a un gruppo virtuale di meditazione stoica, dove si connette con gli altri e sperimenta un senso più profondo di appartenenza e interconnessione.

(8) Riconoscere il valore della ricerca di un sostegno e di una comunità come elementi vitali per lo sviluppo personale olistico e per sostenere il processo continuo di auto-scoperta e crescita. Esempio: Laura, che è impegnata nella sua crescita personale, cerca attivamente il sostegno e la comunità per arricchire il suo percorso di integrazione dello stoicismo e del lavoro con le ombre, riconoscendo il valore che porta al suo sviluppo olistico.

10.5. ABBRACCIARE IL VIAGGIO CONTINUO ALLA SCOPERTA DI SE STESSI

Abbracciare il Sentiero Continuo dell'Autoesplorazione è un elemento vitale sia dello Stoicismo che del Lavoro con le Ombre. Comporta la necessità di scavare costantemente nelle profondità del nostro essere, di coltivare l'autoconsapevolezza e di evolvere come individui. Questo processo continuo può essere al tempo stesso impegnativo e gratificante, poiché richiede un forte impegno nella crescita personale e la disponibilità a confrontarsi con le proprie ombre interiori.

Nel contesto dello stoicismo, la scoperta di sé è strettamente legata alla ricerca dell'eudaimonia, o prosperità umana. Gli stoici ritenevano che la felicità e la realizzazione autentica derivassero dal vivere in armonia con la natura e dal coltivare un carattere virtuoso. Questo viaggio alla scoperta di sé implica la riflessione sui nostri valori, punti di forza e debolezze, e la comprensione del loro allineamento con le virtù stoiche di saggezza, coraggio, giustizia e temperanza. Significa anche accogliere le inevitabili difficoltà e le battute d'arresto che la vita presenta e sfruttarle come opportunità di crescita e di miglioramento personale.

D'altra parte, nel regno del Lavoro con le Ombre, il percorso continuo di scoperta di sé comporta l'esplorazione della nostra mente inconscia per scoprire pensieri, emozioni e modelli comportamentali repressi. Questo processo implica l'accettazione degli aspetti di noi stessi che possiamo aver represso o negato, riconoscendoli senza giudizio. Inoltre, è necessario integrare questi aspetti ombra nella nostra consapevolezza cosciente e trasformarli in modo da allinearli con i nostri valori personali e la nostra moralità.

Per abbracciare efficacemente il viaggio continuo alla scoperta di sé, è essenziale coltivare una mentalità di apertura, curiosità e autocompassione. Ciò significa essere disposti a esplorare le profondità della nostra psiche, a confrontarci con le nostre paure e ad accogliere il disagio che deriva dalla consapevolezza di sé. Ciò implica anche lo sviluppo di una pratica di mindfulness e introspezione, che ci permetta di osservare i nostri pensieri, emozioni e comportamenti senza attaccamento o avversione.

Inoltre, per sostenere il viaggio alla scoperta di sé è necessario impegnarsi nell'apprendimento continuo e nello sviluppo personale. Questo può comportare la ricerca di fonti di conoscenza e saggezza, come libri, corsi, mentori o comunità, che possono sostenere la nostra crescita e fornire spunti preziosi lungo il percorso. Inoltre, è necessario mantenere un senso di umiltà e di ricettività, comprendendo che c'è sempre di più da imparare e da esplorare su noi stessi e sul mondo che ci circonda.

Il viaggio continuo alla scoperta di sé trae beneficio anche dalla coltivazione della resilienza e della perseveranza. È importante riconoscere che la scoperta di sé non è sempre facile e può comportare il confronto con verità scomode e cambiamenti difficili. Sviluppare la forza mentale ed emotiva per affrontare queste sfide è una parte cruciale del processo, perché ci permette di rimanere impegnati nella nostra crescita anche di fronte alle avversità.

Abbracciare il viaggio continuo alla scoperta di sé è un'impresa profondamente personale e trasformativa. Richiede coraggio, vulnerabilità e la volontà di affrontare le nostre ombre con compassione e saggezza. Abbracciando questo viaggio, possiamo coltivare una comprensione più profonda di noi stessi, trovare un maggiore allineamento con i nostri valori e le nostre virtù e vivere una vita più soddisfacente e autentica.

METTERE IN PRATICA

(1) Coltivare l'autoconsapevolezza attraverso la consapevolezza e l'introspezione. Esempio: Dedicate 10 minuti al giorno alla meditazione o alla riflessione. Durante questo tempo, concentratevi sull'osservazione dei vostri pensieri, emozioni e comportamenti senza giudicarli. Questa pratica vi aiuterà a sviluppare una comprensione più profonda di voi stessi e ad aumentare la consapevolezza di voi stessi.

(2) Riflettere sui propri valori, punti di forza e debolezze per allinearli agli obiettivi di crescita personale. Esempio: Dedicate un po' di tempo a scrivere i vostri valori fondamentali, i vostri punti di forza e le vostre debolezze. Poi, considerate come questi si allineano con i vostri obiettivi di crescita personale. Identificate le aree in cui potete far leva sui vostri punti di forza e valori per superare le debolezze e fare progressi verso il raggiungimento dei vostri obiettivi.

(3) Accogliere le sfide e le battute d'arresto come opportunità di crescita e miglioramento personale. Esempio: Ogni volta che affrontate una sfida o una battuta d'arresto, prendetevi un momento per riflettere su ciò che potete imparare dalla situazione. Considerate come potete usare questa esperienza per crescere e migliorare voi

stessi. Accogliere le sfide in questo modo vi permetterà di sviluppare la resilienza e di impegnarvi continuamente per la crescita personale.

(4) Cercate fonti di conoscenza e di saggezza per sostenere il vostro continuo viaggio alla scoperta di voi stessi. Esempio: Unitevi a un club del libro o iscrivetevi a corsi online in linea con i vostri interessi e obiettivi. Impegnatevi in conversazioni con mentori o comunità che possono fornirvi intuizioni e prospettive preziose. La ricerca attiva di conoscenza e saggezza migliorerà la vostra autoconsapevolezza e contribuirà allo sviluppo personale.

(5) Sviluppare resilienza e perseveranza per affrontare le sfide della scoperta di sé. Esempio: Ogni volta che incontrate ostacoli o affrontate verità difficili su di voi, ricordate a voi stessi il vostro impegno per la crescita personale. Adottate una mentalità di crescita e considerate le battute d'arresto come sfide temporanee piuttosto che come fallimenti permanenti. Coltivate la resilienza praticando la cura di voi stessi, cercando il sostegno degli altri e rimanendo concentrati sui vostri obiettivi a lungo termine.

(6) Ricordate che il viaggio continuo alla scoperta di sé è un processo profondamente personale e trasformativo. Mettendo in pratica questi passi, potete impegnarvi attivamente nell'auto-riflessione, accettare le sfide, cercare la conoscenza e sviluppare la resilienza per coltivare una vita più soddisfacente e autentica.

INDICE

a testa alta, 92
a vedere le sfide, 60
abbondanza, 46, 47, 48, 135, 137, 141, 142
abbracciare, 4, 5, 7, 9, 10, 24, 25, 27, 28, 29, 31, 32, 33, 34, 46, 51, 53, 62, 63, 68, 77, 78, 79, 82, 92, 93, 97, 98, 103, 124, 125, 128, 132, 138, 139, 142, 143, 162, 165
Abbracciare, 5, 45, 50, 56, 71, 78, 80, 86, 87, 95, 98, 103, 113, 115, 118, 129, 143, 145, 148, 162, 164, 166
abbracciare e integrare le ombre, 124
abbracciare gli aspetti ombra, 28, 79, 97, 98
Abbracciare gli aspetti ombra, 71, 95, 98, 113
abbracciare gli aspetti ombra della resilienza, 79, 97, 98
Abbracciare gli aspetti ombra della resilienza, 95, 98
abbracciare i cambiamenti, 51
abbracciare il concetto di, 77
Abbracciare il lato ombra, 98
abbracciare il viaggio, 63
abbracciare la propria umanità, 29
abbracciare la vulnerabilità, 32
abbracciare le emozioni, 7, 78, 82
abbracciare le emozioni ombra, 78, 82

abbracciare le imperfezioni, 34
abbracciare le proprie emozioni con amore e accettazione, 29
abbraccio, 48
accettare, 11, 13, 16, 29, 30, 32, 45, 55, 58, 60, 62, 67, 85, 88, 97, 98, 102, 111, 112, 113, 131, 132, 136, 145, 158, 159, 167
accettare il momento presente, 13
Accettare la dualità intrinseca, 132
accettare le imperfezioni, 29, 30, 32, 159
accettare le sfide, 167
accettazione, 2, 6, 11, 12, 27, 28, 31, 45, 46, 54, 62, 63, 66, 67, 73, 74, 77, 78, 87, 97, 99, 102, 103, 128, 136
accettazione di sé, 45, 136
accettazione stoica, 63
Accogliere e gestire le emozioni scomode, 16
accogliere il disagio, 165
Accogliere le battute d'arresto, 126
accogliere le emozioni scomode, 24, 27, 28
Accogliere le emozioni scomode, 6, 27, 159
Accogliere le sfide, 16, 166
accogliere questi aspetti ombra, 97
acquisire una visione dei nostri schemi di pensiero, 49
adattabile, 155
adattabilità, 56, 62, 65

INDICE

adottare, 64, 71, 82, 135, 143, 154
affermare, 7
affermazioni, 64, 102, 104
affermazioni positive, 64
affrontare, 1, 2, 3, 4, 7, 8, 10, 11, 14, 15, 16, 20, 27, 28, 29, 30, 31, 32, 33, 37, 38, 39, 41, 42, 43, 47, 49, 50, 51, 52, 54, 55, 61, 63, 67, 68, 72, 73, 75, 76, 77, 78, 79, 81, 85, 86, 87, 88, 89, 90, 91, 92, 93, 94, 95, 96, 97, 99, 102, 103, 105, 108, 109, 114, 124, 127, 128, 129, 132, 136, 139, 142, 143, 144, 148, 152, 155, 158, 159, 160, 166, 167
affrontare e superare le ombre esistenziali, 128
affrontare gli aspetti, 132, 160
affrontare gli aspetti ombra, 132
affrontare i vostri demoni interiori, 15
affrontare il dolore, 92, 93
affrontare la situazione, 29, 47, 49, 50
affrontare la situazione con una mentalità calma e razionale, 50
affrontare le avversità, 7, 15, 16, 33, 95, 159, 160
affrontare le battute d'arresto, 158, 159, 160
affrontare le difficoltà della vita, 79, 96
affrontare le emozioni scomode, 8, 27, 28
affrontare le nostre paure, 1, 38, 43, 49, 63, 86, 128
affrontare le ombre esistenziali, 124
affrontare le paure, 87
affrontare le sfide, 2, 4, 11, 14, 16, 30, 31, 41, 49, 50, 63, 75, 77, 79, 85, 88, 89, 90, 94, 95, 96, 99, 124, 143, 148, 158, 167
affrontare le sfide della vita, 2, 11, 14, 30, 31, 63, 75, 77, 79, 89, 90, 94, 99

affrontare le sfide della vita con grazia e forza d'animo, 79
affrontare le sfide e le battute d'arresto, 16
affrontare le situazioni difficili con saggezza, 49
affrontare qualsiasi sfida, 91
Affrontate ogni giorno con una mentalità di gratitudine, 137
agenzia, 158
agire, 1, 38, 42, 43, 59, 66, 68, 144, 160
agitazione, 144
agitazione interiore, 144
alla luce dei nostri principi, 121
alla resilienza, 69, 161
alla situazione, 51, 54, 89, 106
allineamento, 117, 121, 123, 164, 166
allineamento con le virtù, 164
allineare, 12, 13, 22, 42, 43, 44, 118, 124
allineare i nostri valori, le nostre virtù e la ricerca di uno scopo e di un significato, 124
Allineare i pensieri, 13
Allineare le risposte alle sfide, 51
allinearsi ai propri valori, 125
alti e bassi, 56, 61, 89, 90, 132, 136
altri, 1, 3, 7, 21, 31, 33, 38, 39, 41, 42, 48, 50, 51, 52, 54, 55, 59, 62, 63, 65, 66, 87, 104, 105, 106, 107, 108, 109, 113, 114, 115, 118, 119, 126, 136, 137, 139, 140, 141, 144, 145, 161, 162, 163, 164, 167
ambiente di fiducia ed empatia, 33, 34
amico, 27, 29, 31, 34, 47, 64, 101, 103, 105, 112, 115, 137, 142, 145, 148, 149, 155, 156, 161, 163
amico fidato, 64, 155, 161, 163
amico intimo, 137, 149
amor fati, 30, 78, 91, 93, 101, 103
amore, 27, 28, 30, 57, 77, 78, 92, 93, 107, 108, 113, 114

170

INDICE

amore per il destino, 30, 77, 78, 92, 93
analizzare criticamente, 37
anche in situazioni difficili, 39, 43
andare avanti, 110, 111, 125, 159, 160
ansia, 3, 53, 59, 60, 61, 67
ansie, 76
apatia, 63
aperta, 62, 122
apertura, 33, 65, 165
appagamento, 11, 13, 22, 46, 47, 48, 77, 105, 107, 119, 122, 123, 129, 130, 135, 136, 138, 139, 140, 148, 157
appagamento interiore, 148
appagante, 2, 5, 12, 24, 44, 75, 77, 104, 111, 139, 140
appartenenza, 5, 161, 162, 164
applicare i principi, 158
applicare i principi stoici, 158
Applicare le virtù stoiche, 41, 132
applicare questi concetti in modo pratico, 15
apportare cambiamenti, 153
apprendimento, 30, 31, 47, 65, 80, 89, 90, 123, 126, 136, 141, 155, 156, 157
apprezzamento, 47, 48, 70, 99, 100, 115, 124, 126, 136, 137, 140, 141, 148, 149, 152
apprezzamento per le persone e le esperienze che, 48
apprezzare, 2, 4, 48, 70, 135, 137, 138, 139, 143
approccio, 7, 9, 10, 14, 15, 29, 33, 42, 50, 62, 66, 71, 72, 82, 86, 88, 96, 107, 145, 146, 158, 159
approccio alle sfide, 86
approccio compassionevole, 33, 107
approccio consapevole, 82
approccio efficace, 146
approccio olistico, 9, 10, 15
approccio olistico alla crescita personale, 15
approccio per le imprese future, 96

approfondire, 3, 9, 10, 15, 16, 32, 38, 46, 70, 71, 86, 93, 104, 115, 123
approfondire la comprensione, 16, 70, 123
approfondisce la consapevolezza, 73
approvazione, 54
aree che richiedono ancora attenzione e crescita, 152
aree in cui possiamo crescere personalmente, 19
armonia, 67, 75, 118, 122
armonioso, 3, 27, 47, 51, 74, 108
arrendersi, 61, 63
arricchisce, 99, 139, 162
arricchisce la nostra vita, 139
arricchiscono la vostra vita, 48
ascolto, 34
aspettative eccessive, 57, 59
aspettative interne, 102, 103
aspettative irrealistiche, 54, 55
aspetti, 1, 2, 4, 5, 6, 7, 8, 9, 10, 11, 12, 13, 14, 17, 19, 20, 21, 22, 23, 24, 25, 26, 28, 29, 30, 31, 32, 33, 34, 35, 38, 39, 43, 44, 48, 49, 50, 53, 55, 60, 61, 62, 63, 64, 65, 66, 67, 68, 70, 71, 73, 74, 75, 79, 81, 86, 87, 88, 89, 91, 92, 93, 94, 95, 97, 98, 99, 100, 102, 103, 104, 106, 107, 108, 109, 110, 111, 113, 114, 117, 125, 130, 131, 132, 136, 137, 141, 142, 143, 145, 146, 147, 148, 152, 153, 158, 159, 160, 165
aspetti dell'ombra, 4, 38, 71, 130
aspetti inconsci, 5, 8, 9, 17
aspetti nascosti, 7, 8, 9, 13, 25, 60, 86, 94, 143
aspetti ombra, 2, 5, 6, 11, 12, 14, 19, 20, 21, 22, 23, 24, 25, 32, 33, 34, 35, 38, 39, 44, 49, 50, 62, 63, 64, 65, 66, 67, 68, 70, 73, 74, 75, 79, 81, 86, 88, 92, 93, 94, 95, 97, 98, 99, 100, 102, 103, 105, 108, 109, 111, 113, 114, 125, 130, 131, 132, 142,

143, 145, 148, 152, 153, 160, 165
aspetti ombra della resilienza, 95, 99
aspetti oscuri, 26, 28, 159
aspetti positivi, 48, 107, 126, 136, 137, 146, 147, 148
aspetti positivi della vostra vita, 48, 137, 148
aspetto essenziale, 28, 56, 151
aspetto essenziale dell'autocompassione, 28
aspetto fondamentale, 69, 78, 93, 95, 121, 136, 146
aspirazioni, 24, 25, 45, 145, 146, 162
assistenza professionale, 10
associato, 30
attaccamenti, 45, 56, 57, 58, 59, 66, 139, 160
attaccamenti malsani, 56, 57, 58, 59, 66, 139, 160
attaccamento, 30, 31, 67, 69, 158, 165
atteggiamenti, 3, 53, 55, 127, 129
atteggiamento non giudicante, 102, 103
attenersi rigidamente, 65
attenzione, 21, 25, 44, 54, 60, 64, 70, 81, 93, 139, 141, 142, 145
attenzione al momento presente, 60, 81
atti genuini, 114, 115
attinge, 96
attività di cura di sé, 106
attività quotidiane, 70, 71, 72
attribuire giudizi di valore, 74
attuare, 15
aumentare, 7, 12, 140, 156, 157, 166
aumentare la consapevolezza di sé, 12
autenticità, 5, 6, 7, 12, 31, 32, 34, 58, 59, 63, 67, 68, 82, 121, 123, 130, 144, 145, 146, 158
autentico, 7, 12, 14, 22, 27, 35, 45, 117, 118, 123, 144
autocommiserazione, 47

autocompassione, 5, 6, 27, 31, 61, 82, 101, 104, 152, 165
autoconsapevolezza, 2, 3, 11, 14, 16, 20, 23, 25, 32, 38, 63, 66, 71, 72, 75, 81, 86, 95, 158, 167
autocontrollo, 3, 49, 50, 132
autocritica, 30, 102
autodisciplina, 41, 50
auto-miglioramento, 85
autoriflessione, 16, 20, 127
auto-riflessione, 13
auto-riflessione, 23
auto-riflessione, 26
auto-riflessione, 44
auto-riflessione, 120
auto-riflessione, 123
auto-riflessione, 125
auto-riflessione, 125
auto-riflessione, 126
auto-riflessione, 127
auto-riflessione, 128
auto-riflessione, 130
auto-riflessione, 131
auto-riflessione, 151
auto-riflessione, 155
auto-riflessione, 157
auto-riflessione e introspezione, 127, 128, 130, 131
autostima, 7, 56, 102, 103
autosviluppo, 93, 94
avere un impatto positivo, 118, 120
avversione, 165
avversità, 2, 4, 11, 38, 40, 42, 44, 46, 49, 62, 70, 76, 77, 78, 79, 81, 85, 86, 87, 88, 89, 90, 91, 92, 93, 94, 96, 97, 102, 107, 109, 136, 141, 142, 146, 148, 158, 162, 166
azioni, 1, 2, 3, 6, 8, 10, 11, 13, 19, 20, 21, 22, 23, 25, 37, 38, 39, 40, 41, 42, 43, 44, 49, 51, 53, 55, 58, 59, 60, 62, 63, 64, 68, 71, 73, 76, 78, 91, 93, 107, 108, 110, 111, 112, 118, 119, 120, 121, 122, 123, 125, 127, 129, 140, 151, 153
azioni concrete, 91

azioni consapevoli, 8
azioni più intenzionali, 71
barriere, 60
base per la crescita personale, 93
battuta d'arresto, 56, 87, 90, 93, 96, 99, 109, 149, 154, 158, 159, 160, 166
battute d'arresto, 16, 41, 46, 51, 65, 99, 125, 126, 155, 156, 157, 158, 159, 160, 164, 166, 167
bellezza della natura, 46, 137, 147, 149
benefici personali, 47
benessere, 2, 7, 46, 47, 48, 56, 103, 104, 105, 109, 110, 111, 112, 114, 125, 136, 139, 140, 142, 155, 157, 164
benessere della società, 164
benessere emotivo, 2, 7, 47, 56, 103, 104, 142
benessere mentale ed emotivo, 56, 155
beni materiali, 43, 48, 56, 139, 143
biglietto di ringraziamento, 48, 137, 149
burnout, 154
bussola, 37, 121, 123
calma, 29, 41, 94, 96
calma interiore, 41
calore, 113, 139
cambiamento, 42, 44, 47, 51, 54, 65, 88, 89, 90, 92, 96, 101, 110, 118, 147, 160
cambiamento di prospettiva, 47, 54, 90, 96, 147
cambiare prospettiva, 148
caotico, 138
capacità, 11, 31, 33, 38, 41, 46, 47, 48, 56, 62, 63, 66, 68, 69, 70, 71, 73, 79, 88, 89, 90, 91, 94, 95, 96, 97, 98, 99, 105, 106, 108, 119, 124, 126, 129, 130, 131, 141, 142, 143, 155, 159
capacità di crescita, 95, 97
capacità di rimanere presenti, 71
carattere, 37, 79, 151, 153
Carl Jung, 4, 7

carriera, 24, 25, 45, 50, 93, 120, 146
catalizzatori, 61, 64, 81, 93, 132
cause, 16, 20, 21, 41, 45, 50, 74, 80, 93, 119, 121, 122, 127, 158, 159
cercare il sostegno di una comunità, 125
cercare la conoscenza, 167
cercare l'autenticità e la realizzazione, 17
cercare l'eudaimonia, 128, 129
cercare opportunità, 118, 146
Cercare una crescita e una trasformazione significative, 51
Cercare una terapia o una consulenza, 13
cerchi concentrici, 54
cerchio di controllo, 54
cerchio esterno, 55
cerchio interno, 54, 55
certezza, 63, 65
che danno forma al nostro comportamento, 72
chiarezza, 14, 29, 30, 41, 43, 50, 54, 73, 80, 117, 119, 123, 130, 131, 132, 152, 153, 159, 160
chiarezza sui cambiamenti, 152, 153
chiave, 1, 49, 53, 76, 81, 108, 138
chiedere aiuto, 7
ci permette di vivere una vita, 44, 121
ciò che conta veramente, 40, 43, 117
circondati da una comunità, 162
circostanze, 3, 43, 53, 54, 56, 57, 59, 62, 63, 64, 66, 77, 78, 93, 102, 103, 107, 108, 110, 111, 112, 127, 135, 139, 142, 144
circostanze della vita, 53
circostanze esterne, 3, 43, 54, 56, 57, 59, 63, 64, 66, 102, 103, 127, 139
circostanze impreviste, 62, 112
clausola di riserva, 102, 103
club del libro, 10, 167
codipendenza, 113

INDICE

coinvolgere, 71, 72, 81
coltivare, 2, 4, 5, 6, 7, 9, 10, 12, 14, 15, 20, 22, 23, 24, 27, 29, 30, 31, 33, 38, 39, 40, 41, 44, 46, 47, 52, 57, 59, 61, 62, 63, 64, 67, 68, 69, 70, 71, 72, 73, 75, 76, 77, 78, 81, 82, 83, 86, 87, 88, 89, 90, 92, 94, 95, 96, 98, 100, 102, 104, 105, 108, 109, 111, 112, 114, 118, 119, 124, 125, 127, 131, 135, 136, 137, 140, 142, 143, 144, 145, 146, 147, 151, 152, 155, 162, 164, 165, 166, 167
Coltivare, 2, 10, 13, 16, 17, 20, 21, 28, 34, 37, 41, 42, 48, 49, 56, 59, 61, 63, 67, 71, 74, 75, 77, 78, 79, 83, 91, 93, 97, 106, 109, 111, 112, 115, 123, 124, 126, 129, 132, 137, 140, 146, 147, 153, 159, 164, 166
coltivare il distacco, 83
coltivare la calma interiore, 71
coltivare la consapevolezza, 27, 33, 69, 70
Coltivare la consapevolezza, 21, 71, 140
coltivare la gratitudine, 2, 30, 46, 71, 87, 152
Coltivare la gratitudine, 126, 153
coltivare la pace interiore, 63, 68, 108, 109
coltivare la resilienza, 9, 10, 14, 30, 61, 62, 75, 92, 136, 155
coltivare la resilienza emotiva, 9, 10, 75, 155
Coltivare la resilienza emotiva, 13, 16, 78, 79
coltivare la saggezza, 52
Coltivare la saggezza, 2, 41, 49
coltivare la temperanza, 52
coltivare la virtù, 151
coltivare l'autocompassione, 29, 104, 105
Coltivare l'autocompassione, 28, 83, 109, 132
coltivare l'autoconsapevolezza, 76, 164
Coltivare l'autoconsapevolezza, 20, 61, 97, 166
coltivare le virtù essenziali per l'eudaimonia, 124
coltivare l'empatia, 33, 111, 112
Coltivare l'integrità e l'autenticità, 123
coltivare saggezza, coraggio e moderazione, 76
coltivare un apprezzamento più profondo e genuino, 147
coltivare un carattere virtuoso, 164
coltivare un senso di pace interiore, 47, 89
coltivare un senso più profondo, 38, 63, 72, 82
coltivare una gioia duratura, 146
coltivare una maggiore resilienza emotiva, 7, 95
Coltivare una mentalità di gratitudine, 137
coltivare una mentalità di resilienza, 62
coltivare una vita, 119, 125, 131, 167
Combinare le pratiche stoiche, 13
comfort, 3, 13, 52, 129
compassione, 8, 9, 15, 27, 32, 33, 38, 39, 48, 62, 63, 64, 65, 66, 72, 83, 104, 105, 106, 107, 108, 109, 110, 112, 113, 114, 115, 121, 131, 132, 136, 145, 146, 147, 149, 153, 166
compassionevole, 15, 28, 33, 47, 55, 73, 75, 81, 82, 87, 102, 103, 104, 108, 109
competizione, 114, 144
complessità, 33, 75, 82, 98, 100, 105, 114, 115, 123, 124, 131
complessità dell'essere umano, 33
completezza, 7, 82
completo, 7, 59, 71, 159
componente, 26, 33, 49, 102, 108, 138, 155
componente essenziale, 26, 102

INDICE

comportamenti, 3, 4, 6, 8, 9, 10, 12, 13, 19, 20, 21, 22, 23, 25, 38, 40, 41, 45, 57, 66, 112, 152, 165, 166
comportamento, 12, 20, 21, 23, 25, 66, 67, 86, 88, 111, 112, 153
compostezza, 11, 73, 75, 96, 159, 160
comprendere, 3, 4, 16, 20, 21, 23, 34, 57, 61, 62, 65, 73, 74, 75, 79, 81, 85, 86, 93, 94, 98, 99, 104, 106, 108, 109, 120, 130, 131, 151
comprendere i messaggi che portano con sé, 81
comprensione, 2, 7, 8, 14, 15, 23, 27, 28, 29, 31, 33, 34, 37, 39, 42, 49, 50, 51, 54, 62, 65, 66, 67, 68, 70, 72, 82, 83, 85, 86, 87, 88, 94, 101, 102, 103, 104, 105, 106, 107, 108, 109, 111, 113, 114, 115, 121, 132, 135, 136, 144, 145, 154, 155, 161, 163, 164
comprensione olistica, 68
comunicazione aperta e onesta, 51
comunità, 47, 122, 126, 136, 161, 162, 163, 164, 165, 167
comunità online, 163
con gli altri, 3, 5, 6, 32, 33, 38, 44, 46, 47, 48, 99, 105, 106, 107, 108, 109, 114, 115, 121, 129, 147, 148, 162, 163, 164
concentrarsi su ciò che è sotto il proprio controllo, 16
concentrazione, 17, 67, 92
concetto, 1, 2, 4, 5, 7, 8, 11, 15, 16, 30, 54, 57, 62, 64, 65, 78, 89, 92, 93, 101, 103, 107, 118, 123, 139, 140, 141
concetto di controllo, 15, 65
concetto di resa, 62, 64
concetto psicologico, 4, 7, 11
condotta etica, 40, 51
condurre, 32, 33, 37
confini, 26
conflitti interiori, 45, 114, 132

confrontarsi, 4, 38, 70, 161, 164
confrontarsi con gli aspetti di noi stessi, 4
congruente con le nostre convinzioni più profonde, 122
connessione, 5, 6, 32, 34, 71, 98, 100, 105, 107, 108, 137, 148, 152
connessione più profonda, 5, 6, 98, 152
connessione più profonda con noi stessi, 5
connessioni, 5, 6, 33, 98, 99, 105, 106, 109, 114, 115
connessioni autentiche, 6, 109
connessioni tra, 98, 99
conoscenza, 3, 9, 14, 20, 37, 39, 94, 167
conoscere meglio le loro filosofie, 16
conoscere meglio se stessi, 87
consapevole, 5, 7, 12, 15, 17, 30, 70, 74, 75, 77, 155
consapevolezza, 2, 4, 5, 6, 7, 8, 9, 12, 14, 20, 22, 23, 24, 25, 26, 27, 28, 30, 31, 32, 34, 35, 38, 47, 49, 52, 58, 59, 60, 61, 63, 64, 66, 67, 70, 71, 72, 73, 75, 79, 80, 81, 82, 87, 96, 98, 100, 126, 131, 132, 139, 153, 154, 155, 157, 159, 160, 165, 166
consapevolezza cosciente, 165
consapevolezza del momento presente, 30, 31, 60
consapevolezza di sé, 8, 12, 67, 87, 98, 100, 131, 155, 157, 160, 165
consapevolezza e accettazione, 66, 72
consapevolezza emotiva, 71
consapevolezza non giudicante, 73, 75, 81
consapevolezza più profonda del proprio paesaggio interiore, 75
consapevolmente, 8, 40, 46, 47, 75, 80, 90, 94, 98, 118, 128, 138, 139, 140, 141, 159
conseguenze, 42, 111

considerare le battute d'arresto come opportunità di crescita, 16
considerare le battute d'arresto e le difficoltà come ostacoli, 48
considerare le prospettive di tutte le parti coinvolte, 50
considerare le prospettive e le esigenze degli altri, 49
consigli pratici, 162
consistenza, 71
contemplare, 72, 86
contemplare l'impermanenza della vita, 72
contentezza, 46, 48, 135, 138, 147, 149
contesto, 33, 40, 41, 63, 65, 78, 104, 124, 136, 141, 162, 164
continuo, 118, 153, 156, 165, 167
contribuire, 11, 26, 30, 43, 47, 50, 51, 73, 74, 79, 86, 87, 109, 123, 128, 154, 161, 162, 163
contribuire a una società più armoniosa e compassionevole, 47
contribuire al benessere, 162, 163
contribuiscono allo sviluppo personale, 30, 31
controllare, 1, 10, 16, 33, 40, 53, 54, 55, 56, 57, 59, 61, 63, 64, 65, 66, 67, 73, 111, 129, 157, 158, 159
controllare i risultati, 54, 55
controllare la situazione, 55, 64
controllo, 1, 3, 9, 10, 43, 54, 55, 57, 58, 59, 61, 62, 63, 65, 66, 67, 68, 87, 93, 103, 129, 149, 157, 158, 159
controllo basato sulla paura, 66, 67, 68
convalida, 34, 54, 55, 140, 161
convalida esterna, 55
conversazioni, 107, 126, 167
convertire il dolore in crescita, 94
convinzione, 57, 58, 130
convinzioni, 3, 23, 24, 25, 38, 39, 43, 45, 57, 59, 61, 66, 80, 82, 83, 98, 99, 117, 118, 119, 121, 122, 127, 128, 131

convinzioni autolimitanti, 118
convinzioni limitanti, 3, 38, 39
coraggio, 3, 7, 8, 9, 10, 15, 16, 26, 27, 28, 29, 33, 38, 39, 41, 42, 49, 50, 51, 61, 62, 63, 64, 77, 78, 79, 80, 81, 87, 89, 92, 93, 108, 110, 127, 128, 131, 132, 166
coraggio e compassione verso noi stessi, 81
correre rischi, 39
corsi, 165, 167
corsi online, 167
coscienza, 67, 73, 111
costruire la durezza mentale ed emotiva, 94
costruire la resilienza, 56, 70, 81, 92, 94
costruttivo, 22, 96
creare, 5, 6, 13, 25, 27, 28, 42, 54, 80, 81, 82, 93, 105, 110, 114, 115, 118, 154
creare un modo di vivere più consapevole e appagante, 13
creare un senso di spazio, 27, 28
creare una vita, 42, 118
creare uno spazio dentro di noi per accogliere queste emozioni, 81
creatività, 119
crescere, 13, 26, 39, 48, 94, 96, 109, 111, 166
crescita, 2, 5, 7, 9, 10, 11, 12, 13, 14, 15, 20, 22, 24, 25, 26, 28, 29, 32, 33, 39, 45, 46, 48, 50, 51, 56, 60, 61, 62, 63, 64, 65, 67, 68, 71, 72, 73, 74, 75, 76, 79, 80, 84, 89, 90, 92, 93, 94, 96, 97, 99, 109, 110, 112, 113, 114, 118, 125, 126, 128, 129, 130, 132, 136, 140, 142, 143, 144, 146, 149, 151, 152, 153, 154, 155, 157, 159, 160, 161, 162, 164, 165, 166, 167
crescita e trasformazione personale, 10, 12, 50, 159
crescita personale, 2, 5, 7, 9, 13, 25, 26, 28, 29, 39, 50, 61, 62, 64,

72, 73, 74, 75, 76, 80, 93, 109, 110, 112, 113, 114, 118, 125, 129, 130, 132, 140, 143, 146, 151, 154, 160, 161, 164, 167
crescita stoica, 20, 22
cresciuti, 97
criticare e rimproverare noi stessi, 73
cruciale, 5, 48, 54, 79, 94, 107, 139
cuore aperto, 128, 129
curiosità, 27, 72, 73, 74, 165
danno, 111, 124, 135, 142
dare priorità, 54, 56, 111, 155, 156
dare priorità alla crescita personale, 155
dare un senso, 98, 100
debolezza, 33, 62, 99, 151
debolezze, 97, 98, 164, 166
decisioni, 3, 10, 13, 17, 22, 37, 38, 39, 40, 41, 42, 50, 51, 75, 94, 97, 120, 121, 122, 123, 160
decisioni in linea con i nostri valori, 50
decisioni migliori, 97
decisioni ponderate, 38, 40, 41
Dedicate del tempo ogni settimana, 13, 83, 107
dedizione, 157
definire, 102
delicato, 62
delicato equilibrio, 62
dell'esperienza umana, 5, 29, 95, 99, 125, 128, 131
delusione, 56, 96, 149, 159
desideri, 4, 24, 25, 38, 41, 42, 43, 44, 45, 46, 104, 107, 117, 119
desiderio di controllo, 65
desiderio radicato, 42
determinati pensieri, 21
determinazione, 16, 38, 41, 62, 79, 80, 85, 89, 90, 91, 92, 93, 129
di affrontare le avversità, 41, 79, 80, 88, 89, 98, 99, 128
di crescita personale, 9, 10, 12, 14, 35, 56, 81, 93, 129, 148, 154, 162, 166
di esistere nel mondo, 96

di noi stessi, 2, 4, 5, 7, 8, 9, 19, 20, 23, 24, 26, 27, 29, 30, 31, 32, 33, 34, 38, 43, 50, 60, 61, 63, 65, 69, 70, 72, 95, 102, 104, 110, 130, 148, 165, 166
di petto, 24, 25, 39, 60, 95
diario, 9, 13, 16, 17, 34, 35, 39, 44, 58, 61, 64, 67, 75, 80, 83, 94, 97, 98, 100, 106, 119, 125, 126, 128, 132, 136, 137, 140, 152, 153, 154, 156
diario quotidiano, 64
dicotomia del controllo, 1, 8, 57, 65, 92, 131
difendere ciò che è giusto, 38, 41
difetti, 5, 6, 30, 31, 33, 65, 97, 113, 114
differenza significativa, 155
difficoltà, 7, 31, 34, 40, 44, 49, 78, 79, 82, 83, 86, 87, 94, 95, 96, 97, 98, 99, 101, 103, 105, 106, 108, 127, 136, 141, 142, 143, 147, 148, 158, 159, 161, 164
difficoltà future, 97
dimenticanze, 107
dimostrare compassione, 112
direzione, 9, 123
disagio, 25, 27, 29, 31, 49, 50, 57, 62, 72, 81, 83, 129
discernere, 8, 40, 62
discernimento, 70
discorso positivo su di sé, 102
discussione, 4, 19, 45, 61, 112, 163
disponibilità, 63, 82, 128, 164
distaccarsi, 61
disuguaglianza, 41
diversi modi di pensare, 65
dolore, 5, 6, 79, 80, 91, 92, 93, 94, 96, 108, 109, 113, 124, 144, 145, 160
dolore irrisolto, 113
dubbi, 118, 119, 160, 161
dubbio, 51, 131, 132, 163
efficace, 58, 88, 154
efficacemente, 49, 165
ego, 104, 107
elemento chiave, 94

elenco di tre cose, 13, 47
emozioni, 1, 2, 3, 4, 5, 6, 9, 10, 11, 12, 13, 16, 19, 20, 21, 22, 23, 24, 25, 26, 27, 28, 29, 33, 34, 38, 49, 50, 51, 58, 59, 60, 61, 63, 64, 66, 69, 70, 71, 72, 73, 74, 75, 76, 77, 78, 79, 80, 81, 82, 83, 89, 90, 91, 95, 97, 98, 99, 100, 103, 104, 105, 106, 108,110, 112, 113, 114, 115, 136, 142, 143, 144, 145, 146, 152, 153, 158, 159, 160, 165, 166
emozioni difficili, 75, 83, 97
emozioni impegnative, 70
emozioni intense, 49, 83, 95
emozioni irrisolte, 11, 13, 60
emozioni negative, 59, 74, 105, 106, 108, 110, 112, 142, 143, 145
emozioni ombra, 79, 81, 83, 95
emozioni positive, 113
emozioni represse, 63, 64
emozioni scomode, 5, 10, 28, 29
emozioni spiacevoli, 25, 27, 28
empatia, 33, 38, 39, 65, 101, 103, 105, 106, 107, 108, 110, 113, 115, 147, 149
empowerment, 12
energia, 53, 54, 60, 85, 122, 159
enfasi, 2, 66
equanimità, 11, 12, 30, 31, 38, 46, 47, 54, 63, 72, 75, 76, 94, 95, 96, 102
equanimità emotiva, 76
equilibrato, 42, 61, 86, 88
equilibrio, 4, 40, 41, 49, 62, 63, 66, 75, 76, 126, 147, 148
equilibrio armonioso, 66
equilibrio tra il riconoscimento delle sfide, 147
equilibrio tra interesse personale e compassione per gli altri, 49
equità, 1, 3, 8, 40, 42, 49, 50
errore, 31, 114
errori, 6, 31, 33, 34, 64, 65, 110, 113, 131, 132

esaminare, 4, 8, 19, 21, 32, 43, 49, 86, 88, 117
esaminare la situazione da una prospettiva più ampia, 49
esempio pratico, 54
esercitare la giustizia, 52
esercizi di mindfulness, 16, 63, 78, 152, 153
esercizi pratici, 15, 16, 161, 163
esercizio di gratitudine, 154
esercizio utile, 54
esigenze e priorità, 155, 156
esperienza, 13, 80, 94, 129, 136, 142, 146, 166
esperienze, 9, 19, 25, 30, 31, 33, 39, 46, 47, 63, 70, 72, 80, 82, 92, 93, 94, 97, 98, 99, 100, 104, 105, 106, 107, 108, 109, 112, 115, 117, 119, 126, 129, 132, 135, 136, 137, 143, 144, 145, 146, 152, 153, 154, 156, 157, 161, 162
esperienze attuali, 99
esperienze passate, 98, 105, 112
esperienze trasformative, 154
esplorare, 4, 9, 13, 16, 17, 24, 34, 38, 68, 75, 78, 81, 83, 86, 93, 98, 100, 106, 119, 125, 131, 132, 140, 165, 166
esplorare gli aspetti più oscuri della nostra psiche, 78
esplorare le loro origini, 81
esplorare nuovi interessi, 119
espressioni, 113
esprimere, 3, 5, 6, 13, 23, 26, 45, 119, 120, 135, 136, 137, 141, 145, 161, 163
Esprimere, 48, 137, 142, 149
Esprimere gratitudine, 48, 142, 149
esprimere gratitudine per, 135, 141
Esprimere gratitudine verso gli altri, 48, 149
esprimere il vostro vero scopo, 120
esprimere le proprie difficoltà, 163
esprimerli, 7, 96

INDICE

essenziale, 5, 31, 37, 38, 41, 49, 65, 70, 78, 92, 111, 112, 113, 130, 135, 155, 158, 165
essenziale per integrare i principi stoici, 70
estendere la compassione, 105
etichettare i nostri pensieri come buoni o cattivi, 72
eudaimonia, 42, 105, 124, 125, 126, 129, 139, 140
eventi, 2, 3, 21, 54, 59, 62, 64, 77, 78, 88, 111, 151, 153, 157
eventi esterni, 2, 54, 59, 62, 151, 153, 157
evitare, 1, 3, 6, 26, 40, 41, 49, 60, 70, 97, 112, 124, 144
evitarli o giudicarli, 72
evolvere, 94, 156, 164
evolvere nel tempo, 156
facilità, 63, 90, 91
facilitare, 12, 14, 83, 112
facilitare il perdono, 112
fallimenti, 33, 38, 51, 91, 98, 99, 101, 102, 103, 109, 126, 155, 156, 167
fallimenti permanenti, 167
fallimento, 6, 34, 45, 99, 107, 118
fare luce, 6
fare scelte consapevoli, 3, 20, 21, 75, 126
fare un passo indietro, 49
fare un passo indietro rispetto alle nostre reazioni emotive immediate, 49
fare una pausa, 21
fattori, 19, 21, 46, 48, 57, 62, 64, 83, 87, 103, 112, 159
fattori scatenanti, 19, 21, 64, 83
favorire, 6, 12, 13, 15, 20, 27, 33, 102, 112, 113, 122, 137, 138, 147, 152
favorire connessioni genuine con gli altri, 33
favorire il perdono, 113
favorisce la fiducia e le connessioni significative, o forse la giustizia risuona con voi a causa delle vostre convinzioni sull'equità e l'uguaglianza per tutti, 121
ferite, 11, 12, 13, 57, 58, 59, 82, 93, 110, 111, 112
ferite del passato, 12, 93, 110, 111, 112
ferite emotive, 11, 13, 57, 58, 59
ferite sepolte, 82
fiducia, 64, 67, 89, 91, 112, 119, 122, 123, 131
fiducia in se stessi, 89, 91
filosofi, 70
filosofia, 1, 7, 27, 37, 46, 57, 58, 59, 68, 85, 86, 108, 123, 127, 129, 130, 135, 136, 139, 151, 157, 162
filosofie, 7, 10, 14, 97
filosofo, 108
fissare gli obiettivi, 64
fiume della vita, 63
flessibile, 62, 156
flessibilità, 63
flusso, 55, 56, 67
fondamento, 37, 101
fondato, 67, 77
fonte di forza, 32, 34, 152
fonte di ispirazione e guida, 76
fonti, 59, 72, 91, 98, 122, 128, 129, 165, 167
fonti di conoscenza, 165, 167
fonti di crescita, 59
fonti nascoste, 72, 98
forma, 79, 98, 99, 100, 114, 156, 157
forza, 2, 10, 11, 15, 27, 31, 40, 41, 42, 47, 56, 58, 60, 61, 62, 72, 76, 77, 78, 79, 80, 85, 87, 88, 89, 90, 91, 92, 93, 94, 95, 96, 97, 98, 102, 108, 124, 128, 129, 141, 142, 143, 144, 145, 148, 149, 159, 160, 162, 166
forza d'animo, 41, 87, 88, 90, 92, 96
forza emotiva, 95, 97
forza interiore, 2, 11, 15, 27, 31, 40, 41, 42, 47, 56, 58, 60, 61,

76, 77, 78, 79, 80, 88, 89, 90, 91, 102, 108, 128, 159
forza interiore e compostezza, 78
forza mentale, 93, 159, 166
forza mentale ed emotiva, 93, 159, 166
frustrazione, 3, 47, 50, 53, 54
futuro, 21, 45, 59, 98, 112
gamma delle nostre esperienze, 30
gentilezza, 3, 7, 27, 29, 31, 65, 73, 75, 82, 83, 102, 103, 105, 109, 113, 114, 115, 131, 132, 136, 137, 149, 154
gentilezza ed empatia, 3, 73, 75
gentilezza verso se stessi, 7
genuino, 99, 100, 113, 114, 144, 145, 157
gioia, 22, 44, 45, 46, 106, 107, 117, 119, 124, 126, 129, 137, 138, 139, 140, 142, 143, 146, 147, 148, 149
giudicare, 34, 101, 106, 110
giudizi validi, 1, 40
giudizio, 28, 49, 51, 83, 105, 106, 107
giustizia, 1, 8, 10, 38, 41, 42, 51, 120, 122, 125, 162, 163
gli aspetti ombra, 7, 8, 13, 15, 38, 51, 66, 68, 70, 73, 74, 94, 96, 97, 102, 104, 106, 109, 115, 125, 130, 131, 143, 147, 160
gli odori del cibo, 71
gli scenari peggiori, 2, 76, 77, 80, 94, 96
grati per, 47, 48, 137, 143, 144, 145, 146
gratificante, 4, 12, 108, 164
gratitudine, 3, 11, 44, 46, 47, 48, 67, 71, 77, 78, 107, 125, 126, 135, 136, 137, 138, 140, 141, 142, 143, 144, 145, 146, 147, 148, 149, 151, 152, 153
grazia, 15, 16, 30, 31, 33, 41, 55, 56, 63, 74, 75, 76, 77, 85, 87, 96, 105, 108, 159
grazia e comprensione, 105

grazia e resilienza, 41, 55, 74, 75, 77
grazia e virtù, 76
gruppo di discussione stoico locale, 162
gruppo di sostegno, 155, 156, 161, 163
gruppo di sostegno locale, 163
gruppo virtuale di meditazione stoica, 164
guarigione, 9, 10, 73, 107, 110, 160
guarire, 28, 59, 82, 93, 103, 111, 112
guarire noi stessi, 112
guida, 9, 10, 11, 14, 15, 38, 44, 93, 123, 129, 155, 161, 163
guidare, 58, 67, 94, 122, 153
hanno un significato per voi, 121, 122
i comportamenti, 13, 62, 68, 111
i fattori scatenanti, 16, 21, 22, 61, 152, 153
i pensieri, 61, 64, 71, 73, 74, 82, 102, 104, 107, 153, 160
i propri bisogni, 87
i tratti ombra individuali, 24
i traumi del passato, 13, 20, 99, 106
i valori personali, 17
idee astratte, 91
identificare, 8, 9, 21, 23, 43, 64, 66, 67, 120, 139, 152, 153
identificare i propri aspetti ombra, 21
identificare le aree, 9, 153
Identificate i vostri valori fondamentali, 13, 122
identificazione, 24, 26, 153
ignorare, 81, 144, 147, 148
il benessere, 42, 64, 87, 102, 103, 115, 128
il concetto di, 72
il concetto di ombra, 14, 16
il coraggio, 3, 10, 38, 39, 41, 42, 50, 91, 120, 126, 131, 132, 152
Il coraggio, 1, 38, 49
il diario come strumento di riflessione, 153

INDICE

Il dolore, 91
il momento presente, 2, 4, 44, 70, 71, 77, 86, 87, 135, 146
il peggior risultato possibile, 87, 96
Il potere della vulnerabilità, 5, 33
il processo introspettivo del lavoro con le ombre, 14
il sé, 29
il vero scopo, 42
illustrare, 73, 118, 162
immaginare, 3, 71, 88, 90
immaginare gli scenari peggiori, 88, 90
immaginare la perdita di qualcosa di importante, 71
immagine di sé, 64
immenso valore, 162
imparare, 11, 17, 27, 28, 29, 46, 48, 53, 60, 62, 64, 66, 80, 81, 85, 92, 93, 94, 95, 96, 99, 103, 127, 128, 133, 140, 156, 158, 161, 166
imparare dai viaggi degli altri, 161
imparare dalla situazione, 166
imparare e crescere, 17, 64, 92, 133, 156
impatto, 11, 46, 48, 56, 111, 121, 122, 137, 141, 149
impatto positivo sulla vostra vita, 48
impatto trasformativo, 111
impegnarsi, 43, 45, 65, 70, 82, 115, 117, 127, 130, 140, 144, 146, 165
Impegnarsi, 10, 13, 16, 17, 39, 44, 61, 68, 75, 78, 80, 83, 87, 100, 104, 106, 119, 123, 128, 131
Impegnarsi in attività, 13, 104
impegnarsi nell'autoriflessione, 43, 82, 117
impegnati, 127, 155
impegnativo, 4, 82, 87, 92, 108, 111, 164
impegno, 64, 87, 121, 122, 154, 155, 156, 157, 161, 164, 167
impegno genuino, 155, 157
impegno per la crescita personale, 167

imperatore romano, 108
imperfezioni, 5, 6, 8, 29, 30, 31, 32, 34, 65, 101, 103, 105, 113, 114, 158, 159
impermanenza, 86, 88
importante, 2, 27, 30, 40, 41, 42, 43, 46, 49, 62, 66, 70, 72, 78, 82, 85, 94, 97, 105, 108, 111, 114, 118, 120, 121, 122, 124, 125, 130, 155, 156, 160, 166
importante in mezzo al rumore, 40
importanza, 32
in accordo con ciò che conta veramente per voi, 13
in armonia con il nostro io autentico, 124
in circostanze difficili, 114, 115
in conflitto con i nostri valori, 121
in evoluzione, 119
in mezzo alle avversità, 77, 97, 143, 147
in modo costruttivo, 29, 160
in modo equilibrato e costruttivo, 61
in ritardo, 54
in tempo reale, 20
incarnare i principi dello stoicismo e del lavoro con le ombre, 50
incarnare quei valori, 120
incarnare queste virtù, 37, 39, 118
incertezze, 41, 49, 61, 127, 128, 129, 131, 132
incoraggiamento, 31, 83, 156, 161, 162, 163
incoraggiati, 101, 130
incorporare, 15, 40, 97, 101, 120, 136, 154, 157
Incorporare, 17, 67, 104, 143, 153
incorporare i principi, 40
incorporare le vostre passioni, 120
incorporare queste filosofie nella vostra vita quotidiana, 15
indegnità, 82, 83, 131
indesiderabile, 5
indifferenza, 62
individui più forti, 26, 93
indulgenza, 41

INDICE

inevitabile, 86, 88, 91, 94, 157
inevitabilmente, 155
influenza, 53, 55, 142
influenzare, 1, 8, 45, 62, 83, 85, 87, 99, 105, 158, 159
influenzato, 98, 111, 112, 152
ingiustizia, 41
inizia, 32, 101
iniziare, 4, 5, 6, 7, 20, 23, 24, 25, 26, 27, 29, 35, 43, 56, 57, 65, 66, 67, 74, 82, 105, 111, 112, 113, 117, 118, 120, 124, 127, 129, 130, 132, 157
iniziare a guarire le parti ferite, 27, 29
Inoltre, 4, 8, 11, 12, 15, 20, 24, 30, 32, 33, 44, 50, 54, 60, 66, 73, 76, 79, 82, 85, 86, 89, 92, 94, 95, 97, 98, 102, 109, 117, 121, 124, 128, 129, 130, 131, 139, 141, 142, 144, 147, 152, 154, 155, 158, 159, 161, 162, 165
insegna, 1, 7, 8, 11, 26, 42, 46, 53, 56, 57, 58, 59, 60, 62, 65, 66, 85, 91, 94, 131, 139, 146, 157
insegnamenti pratici della filosofia stoica, 91
insegnanti, 61
insicurezza, 38, 65, 79
insicurezze, 11, 13, 23, 32, 34, 35, 38, 39, 43, 45, 62, 63, 64, 66, 67, 73, 74, 86, 87, 110, 112, 127, 129, 130, 131
insormontabile, 89
integrando, 4, 12, 15, 17, 31, 38, 68, 79, 93, 94, 109, 110
integrare, 5, 8, 9, 10, 13, 16, 17, 20, 27, 30, 32, 43, 44, 60, 63, 64, 65, 66, 68, 80, 81, 95, 97, 98, 100, 113, 114, 128, 130, 131, 136, 145, 147, 151, 158, 161, 165
Integrare, 7, 28, 51, 61, 66, 94, 131, 143, 149, 155, 160
integrare gli aspetti ombra, 60, 66, 80, 113, 114, 131, 158
integrare i principi stoici, 161
integrare i propri aspetti ombra, 13, 151
Integrare il lavoro ombra, 51
integrare la gratitudine nella nostra vita, 147
integrare la nostra ombra, 20, 43, 136
Integrare la responsabilità, 155
integrare lo stoicismo e il lavoro con le ombre, 16, 81
integrare tutti gli aspetti di noi stessi, 30
integrare veramente lo stoicismo, 97
integrarle nella consapevolezza, 29
integrarle nella nostra consapevolezza, 79
integrato, 96, 111, 145, 159
integrazione, 5, 8, 11, 12, 15, 20, 27, 28, 33, 44, 63, 67, 72, 79, 82, 114, 128, 130, 153, 158, 164
integrazione degli aspetti ombra, 33, 72, 114, 130
integrazione dell'ombra, 5, 15, 63, 158
integrità, 10, 38, 41, 42, 49, 50, 121, 123, 124
intelligenza emotiva, 11, 14, 16
intenzione, 70
interazioni, 3, 9, 38, 44, 55, 104, 105, 106, 107, 121, 125, 129
interconnessione, 47, 48, 136, 137, 147, 149, 162, 164
interessi, 123, 167
intersezione, 2, 16
intrigante, 7
introspezione, 9, 10, 38, 78, 120, 125, 165
intuizione, 14
intuizioni, 2, 14, 15, 37, 67, 68, 71, 77, 81, 85, 92, 93, 94, 102, 126, 128, 136, 148, 155, 161, 163, 167
intuizioni preziose, 14, 85, 92
invidia, 115, 144, 145
la compassione, 33, 34, 105, 106, 109, 111, 112, 113, 115, 119, 120, 121, 122

la compassione è un valore
    fondamentale, 121
la fiducia nelle proprie capacità, 97
la forza di affrontare gli ostacoli, 49
la forza emotiva, 86, 87
la forza interiore, 7, 41, 54, 91, 92,
    93, 96
la gratitudine, 13, 44, 45, 46, 47,
    86, 124, 126, 135, 136, 137, 138,
    139, 140, 142, 144, 145, 146,
    147, 148
la guarigione, 9, 12, 58, 87, 102,
    103, 108, 109
la natura dei nostri attaccamenti, 58
la natura temporanea di tutte le
    esperienze, 72
la non reattività, 83
La pratica, 2, 27, 47, 73, 101, 102,
    131, 136, 146
la propria resilienza, 97
la rabbia è temporanea, 28, 29
la resilienza, 2, 7, 10, 12, 15, 22,
    33, 34, 39, 56, 59, 62, 68, 78,
    79, 88, 89, 90, 91, 93, 94, 96,
    97, 109, 120, 127, 129, 131, 135,
    144, 145, 152, 158, 159, 160,
    162, 167
La resilienza, 78
la resistenza mentale ed emotiva, 79
La saggezza, 37
la saggezza dello stoicismo, 17, 44,
    86, 97
la saggezza senza tempo dello
    stoicismo, 15
la scoperta di sé, 10, 15, 62, 82,
    164, 166
la sostenibilità è importante per voi,
    121
la vita presenta, 165
l'antica saggezza dello stoicismo, 14
lasciar andare, 5, 54, 63, 64, 66, 67,
    105, 108, 109, 113
lasciar andare gli attaccamenti
    malsani, 54
lasciare andare, 58, 106, 109, 111,
    114, 160

Lasciare andare gli attaccamenti
    malsani, 67
lasciare andare il risentimento, 106,
    109, 114
lasciare che le nostre emozioni
    guidino le nostre azioni e
    reazioni, 49
l'ascolto attivo, 39
l'attenzione, 48, 55, 77, 129, 137,
    140, 146
l'autocompassione, 6, 29, 31, 32,
    34, 45, 65, 68, 75, 83, 102, 103,
    107, 109, 119, 131, 132
lavorare attivamente, 25
lavorare con, 9, 10, 22, 97, 99, 115
lavoro, 2, 4, 5, 9, 10, 11, 14, 15,
    16, 17, 19, 23, 24, 26, 27, 29,
    31, 32, 33, 37, 38, 39, 40, 44,
    48, 50, 51, 56, 57, 58, 59, 60,
    61, 62, 63, 65, 66, 67, 68, 69,
    70, 72, 73, 77, 78, 79, 83, 86,
    87, 88, 90, 92, 93, 96, 97, 99,
    101, 102, 104, 105, 106, 109,
    110, 111, 112, 114, 117, 119,
    124, 127, 128, 130, 132, 136,
    138, 139, 141, 142, 143, 145,
    146, 148, 151, 152, 154, 155,
    157, 158, 159, 160, 161, 162,
    163, 164
lavoro con le ombre, 2, 4, 5, 9, 10,
    11, 17, 26, 27, 29, 31, 32, 33,
    37, 38, 40, 48, 51, 57, 58, 60,
    61, 62, 65, 66, 67, 68, 69, 72,
    78, 86, 87, 90, 92, 96, 97, 99,
    101, 102, 104, 105, 106, 111,
    117, 124, 128, 130, 132, 136,
    138, 139, 141, 142, 143, 146,
    148, 151, 152, 154, 155, 157,
    158, 159, 160, 161, 162, 163,
    164
Lavoro con le ombre, 7, 8, 9, 10,
    11, 12, 13, 14, 94
lavoro con l'ombra, 10, 16, 23, 24,
    26, 63, 105, 110, 151, 161, 163
lavoro interiore, 83
lavoro ombra, 4, 93, 162

lavoro sull'ombra, 4, 5, 14, 16, 17, 19, 26, 39, 50, 56, 59, 68, 79, 86, 88, 92, 102, 110, 158, 163
le azioni, 17, 54, 55, 74, 94, 110, 112, 142, 153, 159
le azioni degli altri, 54, 55, 110
le benedizioni, 46, 141, 142
le cause profonde, 20, 22, 50, 73, 82, 92, 130
le complessità della vita, 2, 37, 39, 77, 148
le emozioni, 5, 10, 11, 13, 15, 24, 25, 26, 27, 28, 34, 51, 54, 70, 74, 80, 81, 82, 83, 86, 88, 89, 93, 95, 96, 97, 99, 106, 108, 109, 111, 114, 115, 143, 145, 153, 158, 159, 160
le emozioni scomode, 5, 15, 24, 25, 28, 34, 158, 159
le esperienze passate, 86, 88, 97
le opinioni, 54, 55, 59
le opportunità, 64, 90, 119, 135
le paure e le ansie più profonde, 124
le potenziali conseguenze, 2, 50
le sensazioni fisiche, 28, 73, 74
le sfide della vita, 12, 90, 126
le virtù, 8, 10, 37, 40, 51, 118, 125
Leggere libri, 16, 68
l'energia, 55
L'equilibrio, 63
l'essenza, 85, 86, 87
letture consigliate, 163
lezioni apprese, 47, 93, 149, 153
lezioni preziose, 27, 93
liberare, 57, 66, 110
liberarsi, 6, 59, 108, 110, 111, 112
liberazione, 110
libertà emotiva, 5, 24, 25, 58, 59, 67
libri, 10, 39, 165
libro, 2, 14, 15, 16, 120
l'incredibile potere della vulnerabilità, 32
Lo stoicismo, 1, 2, 7, 8, 11, 26, 42, 46, 53, 54, 56, 59, 60, 62, 86, 92, 94, 146, 158

lo sviluppo personale, 4, 11, 32, 60, 92, 93, 144, 146, 161, 162, 163, 164
lo sviluppo personale olistico, 60, 162, 164
lottare, 85, 103
lotte, 33, 34, 86, 87, 95, 104, 128, 130, 131, 132
luce, 4, 20, 24, 26, 60, 61, 82, 89, 94, 105, 106, 122, 124, 127
maggior senso, 5, 33, 128
maggiore chiarezza, 49, 76, 77, 142
maggiore consapevolezza di sé, 12, 80, 159
maggiore equilibrio emotivo, 11
maggiore facilità, 88, 89, 90
maggiore intelligenza emotiva, 22
maggiore resilienza, 15, 22, 63, 76, 80, 148
maggiore senso di autenticità, 5, 28
maggiore senso di completezza, 4, 5, 63
maggiore senso di gioia e appagamento, 147
maggiore senso di resilienza, 77, 89, 102
mancanze, 102, 103, 131, 132
manipolare gli eventi, 54
manipolare ogni aspetto, 56
mantenere, 3, 16, 40, 41, 43, 52, 54, 75, 78, 89, 93, 97, 112, 125, 152, 154, 155, 156, 157, 158, 161, 162, 165
Mantenere, 90, 126, 155
mantenere il benessere emotivo, 152
mantenere il risentimento, 112
mantenere la coerenza, 162
mantenere la prospettiva, 89
mantenere la stabilità emotiva in situazioni difficili, 52
mantenere l'equilibrio, 3
mantenere un senso di stabilità in mezzo al caos, 78
mantenere una mentalità positiva, 16

mantenere una pratica quotidiana, 125, 154, 155, 156, 157
mantenimento, 51, 55, 155
mantra, 102, 104, 132
Marco Aurelio, 108
maschere, 5, 6
meccanismi di coping, 98, 99
meditazione, 3, 9, 25, 39, 56, 59, 61, 63, 64, 67, 69, 70, 71, 75, 81, 83, 89, 90, 97, 125, 126, 152, 153, 154, 155, 156, 157, 166
meditazione mindfulness, 3, 25, 59, 67, 81, 83, 157
meditazione silenziosa, 71
membro della famiglia, 112
mentale, 69, 73, 76, 79, 80, 92, 94, 95, 96, 97, 128, 129, 140, 142, 160
mentalità, 13, 16, 30, 43, 44, 46, 47, 48, 51, 55, 56, 60, 61, 63, 65, 71, 77, 78, 79, 87, 89, 90, 92, 93, 94, 101, 102, 103, 127, 128, 129, 135, 136, 137, 138, 141, 142, 143, 154, 155, 156, 157, 159, 160, 165, 167
mentalità aperta, 155, 156, 157
mentalità calma e razionale, 13, 51
mentalità di consapevolezza e accettazione, 71
mentalità di crescita, 92, 127, 167
mentalità stoica, 16, 60, 61, 78, 79, 92, 93, 128, 129
mentalità virtuosa, 43
mentalmente ed emotivamente più forti, 17
mente calma e composta, 89
mente inconscia, 131, 165
mentore, 149, 155, 156
mentori, 165, 167
mettere in pratica, 54
migliora, 114
miglioramento personale, 22, 60, 87, 91, 152, 165, 166
migliorare, 4, 7, 10, 11, 20, 22, 31, 48, 56, 71, 96, 104, 105, 115, 126, 138, 140, 151, 155, 156, 161, 166
migliorare il nostro auto-miglioramento stoico, 20
migliorare la crescita personale, 115
migliore comprensione di noi stessi, 32
minimizzare, 87, 147, 148
misure pratiche, 32, 40, 56
modelli, 4, 6, 23, 24, 25, 26, 32, 75, 139, 165
modelli comportamentali, 23, 165
modelli di comportamento, 24, 75, 139
modelli ricorrenti, 25
moderazione, 1, 3, 38, 40, 41, 42
modo consapevole, 81, 82
modo efficace, 32, 66, 69, 88, 152, 158
modo significativo, 154
momenti, 27, 28, 70, 79, 82, 83, 85, 87, 95, 96, 98, 99, 104, 107, 117, 119, 125, 126, 137, 138, 139, 140, 141, 142, 143, 146, 147, 148, 149, 152, 155, 156, 157, 158
momenti di crescita, 152
momenti di debolezza, 98, 99
momenti di dubbio, 98, 99
momenti di gioia e bellezza, 147, 148
momenti di gioia e bellezza per cui essere grati, 148
momenti di sofferenza, 27, 28
momenti difficili, 70, 85, 87, 95, 104, 141, 142, 147, 148, 149, 158
momento di pausa, 13, 160
momento presente, 11, 13, 17, 45, 46, 47, 48, 63, 67, 71, 76, 77, 78, 124, 129, 138, 139, 140, 146, 148, 155, 156
mondo interiore, 54, 75, 81, 82, 131
motivato, 162
motivazione, 51, 80, 146, 152, 156, 162, 163

motivazioni, 3, 4, 7, 8, 9, 19, 22, 23, 25, 66, 67, 76, 78
motivazioni inconsce, 4, 9
motivazioni sottostanti, 8, 22
musica, 54, 55, 83, 98, 100, 140
musica rilassante, 54, 83
narrazioni, 60
nasce, 65, 136, 144
nascoste, 43, 50, 51, 63, 79, 87, 130, 141, 142
nascosti sotto la superficie, 73
natura delle sfide, 94, 96
natura transitoria, 70, 129
naturale, 28, 49, 53, 55, 56, 62, 64, 67, 75, 139, 141, 143, 162, 164
navigare, 8, 10, 14, 40, 41, 74, 76, 105, 121, 123, 128, 131, 152
Navigare, 75, 123
navigare nella vita, 40
navigare nelle complessità, 14, 41, 74, 76, 121, 123, 131, 152
navigare nelle complessità del vostro mondo interiore, 14, 74, 152
navigare nelle complessità della vita con chiarezza e scopo, 121
navigare nelle complessità della vita contemporanea, 41
necessaria, 15, 20, 33, 89, 90, 96
necessario, 2, 24, 42, 49, 50, 82, 83, 93, 115, 165
negando, 45, 64
negare, 6, 26, 61, 65, 81, 95, 96, 100, 128, 129, 142, 143, 147, 158, 159
negare i sentimenti, 96
negative, 26, 64, 106, 109, 111, 115, 143, 145, 147, 160
nel tempo, 97, 119, 155, 156
noi stessi, 2, 4, 5, 8, 9, 19, 27, 29, 32, 33, 34, 38, 43, 63, 73, 79, 82, 101, 102, 104, 105, 107, 108, 109, 110, 114, 130, 131, 166
non attaccamento, 57, 59, 72
non definisce la situazione, 29
non dipende dalle circostanze esterne, 148, 149
non giudizio, 21

normalizzare le esperienze, 161, 163
notare, 30, 82, 138
nuove abitudini, 154, 156
nuove esperienze, 121, 123
nuove possibilità, 33, 62, 65, 156
nutrire, 32, 86, 104, 141
obiettivi, 3, 24, 25, 26, 34, 42, 50, 56, 75, 120, 125, 129, 140, 154, 155, 156, 157, 160, 166, 167
obiettivi a lungo termine, 3, 50, 160, 167
obiettivi di crescita personale, 166
obiettivi personali, 24, 25, 56
obiettivi specifici, 154, 156
offrire, 28, 101, 104, 106, 114, 142, 155, 161, 163
offrire a noi stessi, 101
Offrite il vostro tempo come volontari, 48
olistico, 10, 14, 72, 111
ombra, 2, 4, 6, 7, 8, 9, 10, 16, 19, 20, 21, 23, 24, 25, 26, 27, 32, 35, 43, 63, 65, 66, 79, 80, 81, 82, 83, 89, 91, 92, 103, 108, 113, 114, 115, 126, 131, 136, 142, 144, 152, 153, 159
ombre interiori, 164
onestà, 32, 41, 42, 78, 96, 144
onestà emotiva, 96
onestamente, 13, 19, 23, 32, 76
opinioni, 35, 55, 109
opportunità, 17, 22, 26, 30, 31, 34, 39, 44, 48, 52, 60, 61, 62, 65, 68, 80, 85, 86, 88, 89, 91, 93, 94, 96, 98, 103, 107, 120, 123, 124, 126, 129, 141, 155, 156, 157, 160, 165, 166
opportunità di crescita, 22, 26, 30, 31, 34, 44, 60, 61, 62, 80, 85, 86, 88, 89, 91, 98, 103, 107, 123, 124, 126, 141, 160, 165, 166
opportunità di crescita e apprendimento, 103, 126
opportunità di sviluppo personale, 94, 96
opprimente, 154

optare per scelte di consumo sostenibili, 122
osservare, 4, 9, 11, 23, 30, 31, 58, 59, 60, 61, 69, 71, 74, 78, 80, 89, 102, 104, 165
osservare i nostri pensieri e le nostre emozioni, 78, 102
osservare i nostri pensieri e le nostre emozioni senza giudicare, 78
osservare i pensieri, 32, 74
osservare le nostre imperfezioni, 30
osservarle, 27, 28
osservazione, 73, 76
osservazione non giudicante, 73
ostacoli, 3, 41, 50, 54, 60, 85, 86, 88, 91, 93, 94, 113, 118, 141, 143, 167
ostacoli esistenziali, 118
ostacoli esterni, 54
ottenere chiarezza, 38
ottenere una comprensione più profonda, 69, 88, 129
pace, 12, 13, 28, 46, 47, 48, 54, 56, 57, 58, 59, 60, 61, 62, 63, 65, 67, 69, 76, 77, 78, 90, 103, 105, 110, 111, 122, 123, 128, 130, 136, 139, 148
pace con le circostanze attuali, 48
pace interiore, 12, 13, 28, 47, 54, 57, 62, 63, 65, 67, 69, 76, 77, 90, 103, 122, 123
pace interiore e chiarezza, 77
padronanza di sé, 22
paesaggio emotivo, 98, 100
paesaggio interiore, 74
parafrasare, 107
parte cruciale, 120, 166
parte fondamentale, 4, 27, 82
parte importante, 95, 130, 156
parte naturale, 6, 26, 29, 32, 34, 45, 60, 82, 83, 129, 145
parte naturale dell'esperienza umana, 32, 34, 82, 83, 145
parte normale, 29, 95, 159
partecipare a seminari, 16, 68
parti, 4, 7, 28, 32, 34, 35, 43, 50, 51, 63, 65, 84, 95, 97, 98, 99, 100, 102, 103, 110, 128, 130, 132
parti ferite, 28
parti rinnegate, 63
partner romantico, 112
passato, 9, 45, 46, 60, 81, 91, 98, 99, 111, 112, 113, 131, 132
passi intenzionali, 21, 22
passi intenzionali verso l'integrazione, 21, 22
passi pratici, 104, 110
passione, 118, 119
passioni, 35, 43, 44, 56, 93, 117, 119, 125
passività, 62, 144, 146
passo, 4, 5, 23, 50, 74, 89, 90, 121, 124, 127, 138
passo iniziale, 23
paura, 5, 6, 16, 20, 21, 26, 28, 29, 38, 42, 59, 60, 61, 65, 66, 67, 73, 79, 80, 118, 130, 141, 158, 160
paure, 3, 7, 11, 12, 13, 15, 23, 24, 25, 32, 34, 35, 38, 39, 45, 50, 51, 57, 58, 59, 60, 61, 62, 64, 66, 67, 73, 74, 76, 86, 87, 88, 110, 112, 118, 119, 126, 127, 128, 129, 130, 131, 165
paure e ansie, 60, 61, 62, 66, 126
paure inconsce, 57, 66, 67
paure irrazionali, 61
paure o insicurezze sottostanti, 51, 73
paure profonde, 61, 86
pausa, 19, 67, 75
pazienza, 22, 54
pensieri, 2, 3, 4, 6, 8, 9, 12, 13, 19, 20, 21, 23, 25, 27, 28, 35, 38, 39, 41, 42, 44, 53, 55, 57, 58, 59, 60, 61, 62, 63, 64, 69, 70, 71, 72, 73, 74, 75, 76, 77, 78, 80, 81, 82, 89, 90, 104, 120, 127, 129, 140, 151, 152, 153, 158, 160, 165, 166
pensieri autocritici, 82
pensieri e schemi, 70
per cui siamo grati, 46, 146, 147

Per illustrare questo punto, 47
percezione, 55, 60, 86
percorso continuo, 165
percorso rettilineo, 98
percorso verso l'eudaimonia, 125
perdere il controllo, 65
perdita, 70, 93, 145
perdonare, 110, 114, 131
perdono, 22, 65, 105, 106, 108, 109, 110, 111, 112, 113, 114, 131, 132
perfezione, 34, 63, 65, 155, 156
perfezionismo, 54
permesso, 6, 118
permettete a voi stessi, 25, 99, 145
perseguire i nostri obiettivi, 41
perseguire l'eudaimonia, 117
perseveranza, 15, 125, 127, 166
persona, 11, 20, 28, 34, 42, 47, 57, 58, 67, 71, 76, 77, 83, 111, 115, 119, 129, 149, 151, 160, 163
persona amata, 115
persona saggia e virtuosa, 76, 77
personalità, 4, 5, 7, 8, 9, 11, 13, 26, 44, 73, 74
persone, 11, 45, 46, 57, 66, 67, 112, 125, 126, 137, 144, 147, 149, 159, 161, 162, 163
piangere, 6
pianificare, 153
piccoli passi, 39, 45, 154
piccoli rischi, 119
piccolo passo, 42, 155
pietra miliare della filosofia stoica, 47, 54
più autentico, 12, 98, 113, 114, 115
più equilibrato, 27, 28, 66, 111, 144
più facile, 30, 75
più integrato, 95
più oscuri, 104, 106, 114, 158, 160
più resiliente, 96, 145
più resistenti, 93, 94, 95, 96
possessività, 113
possibilità, 9, 26, 88, 91, 122, 126
possono sorgere, 26, 108, 109
potenziale, 7, 15, 24, 26, 110, 136, 139, 140

potenziato, 96
potere, 5, 12, 13, 24, 25, 32, 33, 43, 53, 54, 55, 57, 61, 62, 63, 65, 67, 68, 82, 91, 92, 111, 112, 142, 158
potere personale, 13, 61
pratica, 1, 2, 3, 4, 13, 16, 20, 21, 22, 23, 25, 27, 28, 30, 35, 39, 41, 46, 47, 50, 52, 54, 56, 58, 59, 60, 61, 63, 67, 69, 70, 71, 72, 73, 75, 76, 77, 78, 82, 83, 86, 88, 89, 90, 91, 92, 93, 96, 98, 102, 105, 107, 108, 110, 126, 129, 132, 135, 136, 140, 142, 143, 145, 146, 147, 148, 149, 151, 152, 153, 154, 155, 156, 157, 158, 161, 162, 163, 165, 166, 167
pratica continua, 61, 63, 147
pratica della gratitudine, 46, 47, 135, 136, 142, 143, 146, 149
pratica della mindfulness, 28, 78, 90, 158
pratica dell'autoriflessione, 22
pratica dello stoicismo e del lavoro con le ombre, 163
pratica di mindfulness, 58, 157, 165
pratica poliedrica, 152
pratica quotidiana, 35, 46, 61, 93, 107, 126, 132, 148, 154, 155, 156, 157
pratica quotidiana di mindfulness, 61
praticando l'autoriflessione e la consapevolezza, 50
praticare, 28, 41, 44, 54, 101, 102, 103, 106, 109, 111, 113, 122, 138, 140, 141, 147
praticare il riciclaggio, 122
Praticare la consapevolezza, 28, 45, 71, 74
Praticare la giustizia, 3, 42, 49
praticare la gratitudine, 44, 141, 147
Praticare la gratitudine, 128, 129, 135, 141, 142
praticare la respirazione profonda, 54

INDICE

Praticare l'accettazione, 13
praticare l'autocompassione, 101, 102, 103, 109, 113
Praticare l'autocompassione, 103, 105, 114, 154
Praticare l'equità e l'integrità, 51
pratiche di autoriflessione, 61
pratiche di gratitudine, 44
pratiche di mindfulness, 4, 15, 25, 64, 69, 70, 71, 102, 126, 160, 161, 163
premeditatio malorum, 76, 79, 80
prendere decisioni da un luogo di forza interiore, 29
prendere decisioni informate, 20, 22
prendere decisioni intenzionali, 121
Prendere decisioni intenzionali, 122
prendersi il tempo necessario, 117
preoccupazione, 113, 162, 164
preoccupazione per gli altri, 162
prepararsi, 76, 87, 88
prepararsi mentalmente, 76, 87, 88
presa emotiva, 57, 111
presentarsi, 88
presente, 45, 48, 77, 112, 142
pressione, 55, 62
prestare attenzione, 24, 76
preziosa esperienza di apprendimento, 96
preziose intuizioni sulla natura delle sfide e delle battute d'arresto, 15
prezioso, 2, 65, 71, 161
principi, 1, 2, 3, 11, 12, 13, 14, 15, 16, 17, 27, 28, 29, 30, 31, 37, 38, 39, 43, 44, 49, 51, 57, 58, 59, 61, 67, 68, 69, 78, 88, 90, 92, 97, 101, 102, 110, 118, 119, 120, 121, 122, 127, 128, 131, 138, 142, 143, 147, 149, 152, 154, 155, 159
principi del lavoro con le ombre, 97
principi di equità, 38, 39
principi guida, 1, 119
principi stoici, 2, 11, 12, 13, 14, 15, 16, 17, 27, 28, 29, 30, 31, 43, 44, 57, 58, 59, 61, 67, 69, 78, 88, 90, 101, 102, 128, 131, 149, 152
principi stoici nella pratica della gratitudine, 149
principio fondamentale, 53, 85, 138
principio stoico dell', 76
priorità, 40, 41, 43, 51, 107, 125, 154, 157
procedere, 23
processo, 4, 5, 7, 8, 10, 11, 12, 15, 16, 19, 20, 24, 26, 28, 31, 39, 43, 44, 50, 57, 58, 62, 63, 64, 79, 80, 81, 82, 83, 92, 93, 94, 96, 97, 98, 99, 107, 111, 113, 114, 117, 118, 119, 120, 121, 123, 125, 126, 127, 128, 129, 130, 131, 136, 158, 159, 160, 161, 162, 163, 164, 165, 166, 167
processo continuo, 118, 119, 121, 162, 164
processo decisionale, 24, 119, 125
processo di integrazione della nostra ombra, 20
processo di integrazione delle ombre, 16, 159
processo multidimensionale, 96
processo trasformativo, 114, 131
profonda crescita personale, 8, 92
profondamente, 47, 67, 118, 123, 135, 154, 166, 167
profondamente significativa, 119
profondità, 5, 9, 10, 13, 20, 30, 82, 92, 98, 100, 131, 144, 145, 146, 161, 164, 165
profondità della nostra vita, 30
profondo senso di autoconsapevolezza, 77
progetto fallito, 96
progetto secondario, 120
programma strutturato, 154, 156, 157
progressi significativi, 162
progresso, 155
promemoria, 13, 132, 156
promemoria visivo, 13
promuovere, 41, 48, 54, 104, 111, 112, 125, 144, 154

promuovere il benessere, 41
promuovere la crescita personale, 112
promuovere un senso di comunità, 48
prospettiva, 2, 30, 31, 46, 50, 56, 62, 68, 80, 86, 87, 89, 90, 92, 93, 102, 103, 106, 107, 109, 112, 131, 136, 138, 139, 141, 152, 158
prospettive, 2, 38, 51, 61, 65, 79, 80, 108, 109, 126, 155, 167
prospettive alternative, 61
prospettive diverse, 65
provare nuove esperienze, 65, 119
provare paura, 26
provare tristezza, 28
prove, 16, 61, 87
prove di carattere, 16
psiche, 2, 8, 10, 15, 19, 20, 26, 65, 82, 86, 131, 136, 161, 163, 165
punti ciechi, 38, 39
punti di forza, 44, 79, 80, 95, 151, 164, 166
punti di forza nascosti e risorse non sfruttate, 79
punto di vista stoico, 32
qualcuno, 3, 48, 106, 109, 110, 111, 112, 149, 155, 156, 161
rabbia, 5, 6, 16, 20, 22, 23, 25, 26, 28, 29, 45, 73, 74, 79, 80, 91, 96, 97, 99, 105, 106, 108, 110, 113, 114
rafforzare, 2, 52, 69, 70, 98, 137, 155
raggiungere, 3, 4, 5, 8, 22, 62, 65, 86, 113, 123, 155, 156, 160
raggiunto, 23
rapidamente, 154
rassegnazione, 63
razionalità, 11, 95, 96
reagire automaticamente, 71
reagire con rabbia o frustrazione, 50
reagire impulsivamente, 27, 28, 70, 75, 96, 160
reagito, 21
realizzare, 130, 139, 140

realizzazione, 2, 4, 22, 43, 56, 94, 117, 118, 124, 125, 128, 130, 132, 164
reazioni, 3, 8, 10, 20, 23, 25, 49, 62, 65, 78, 80, 86, 87, 88, 95
reazioni emotive, 23, 25, 49
recuperare il potere personale, 13
regolare, 8, 51, 90, 153
relazione, 87, 109, 159
relazioni, 5, 6, 23, 24, 25, 33, 34, 38, 40, 41, 46, 56, 58, 104, 105, 106, 107, 108, 109, 110, 114, 115, 121, 122, 135, 136, 137, 140, 143, 146, 147, 149, 152
relazioni più profonde e significative, 33, 110, 147, 149
relazioni tossiche, 24, 25, 56
repressi, 2, 7, 25, 165
reprimere, 6, 22, 26, 33, 60, 61, 65, 95, 96, 100, 128, 129, 147, 158, 159
reprimere le emozioni, 26, 147, 159
reprimere le nostre emozioni, 33
resiliente, 86, 87, 88, 95
resilienza, 1, 2, 3, 5, 8, 10, 11, 12, 14, 20, 21, 26, 27, 28, 29, 31, 33, 40, 41, 42, 47, 49, 50, 53, 58, 59, 60, 63, 67, 68, 78, 79, 80, 85, 88, 89, 90, 92, 93, 95, 96, 97, 98, 99, 100, 102, 105, 108, 127, 128, 129, 131, 132, 136, 137, 141, 142, 143, 148, 151, 152, 159, 160, 166, 167
resilienza e determinazione, 1, 3, 49, 89, 90, 160
resilienza e perseveranza, 167
resilienza emotiva, 11, 12, 20, 78, 79, 80, 89, 90, 96
resilienza mentale ed emotiva, 80, 88
resistente, 142, 143
resistenza, 51, 78, 79, 81, 83, 85, 95, 96, 155, 156, 160, 163
respirare profondamente, 56, 63
responsabilità, 40, 43, 108, 126, 136, 156, 161, 163
riassumere, 107

ricchezza, 30, 136, 140, 146, 147
ricerca, 7, 9, 10, 13, 37, 38, 40, 42, 64, 112, 117, 120, 130, 131, 132, 139, 140, 153, 160, 162, 164, 165, 167
ricettività, 165
ricevere empatia, 161, 163
ricevere sostegno, 162, 163
richiede dedizione, 61, 155, 157
richiede un cambiamento, 92
richiede uno sforzo e un'intenzione costanti, 147
riconoscere, 2, 6, 9, 20, 21, 23, 24, 29, 30, 32, 33, 34, 35, 39, 40, 44, 46, 47, 50, 53, 58, 59, 62, 65, 70, 74, 76, 81, 82, 85, 86, 87, 89, 91, 94, 95, 96, 97, 98, 99, 101, 102, 103, 104, 105, 106, 107, 108, 111, 112, 113, 114, 118, 124, 128, 130, 131, 135, 136, 141, 142, 145, 146, 147, 148, 151, 152, 155, 158, 160, 166
Riconoscere, 6, 25, 45, 55, 61, 72, 97, 100, 103, 106, 109, 110, 125, 126, 129, 143, 145, 148, 160, 163, 164
riconoscere e abbracciare, 32, 34, 35, 130
riconoscere e apprezzare, 47, 135, 146
Riconoscere e integrare, 97, 125, 129
riconoscere e integrare gli aspetti ombra, 124, 136
riconoscere i cambiamenti, 151
riconoscere i propri limiti, 29
riconoscere la crescita e la trasformazione, 152
riconoscere queste emozioni, 91
riconoscerla come un'opportunità, 28
riconoscerli senza giudicarli, 72
riconoscimento, 5, 28, 29, 50, 64, 65, 86, 95, 101, 104, 110, 113, 125, 131, 136, 147, 148
ricordare, 28, 29, 155, 162

ricordare a se stessi, 28, 29
rifiutare, 6, 97
riflessione, 3, 7, 9, 15, 20, 21, 29, 34, 44, 46, 47, 49, 72, 75, 97, 99, 118, 120, 121, 124, 126, 142, 151, 152, 153, 161, 164, 166, 167
riflessione e apprezzamento, 46
riflettere, 6, 9, 13, 21, 22, 25, 41, 42, 44, 45, 50, 51, 53, 56, 58, 64, 67, 68, 70, 74, 76, 78, 80, 83, 96, 97, 99, 100, 107, 117, 119, 120, 122, 123, 125, 128, 129, 136, 140, 146, 148, 149, 151, 152, 153, 160, 166
Riflettere, 16, 22, 45, 71, 72, 77, 94, 106, 107, 110, 122, 143, 152, 166
Riflettere e adeguarsi, 122
riflettere su, 6, 9, 13, 21, 22, 25, 41, 42, 44, 45, 50, 51, 53, 56, 64, 67, 68, 70, 74, 78, 80, 83, 97, 99, 100, 107, 117, 119, 120, 122, 123, 125, 128, 129, 136, 140, 146, 148, 149, 151, 152, 153, 160, 166
riflettere su ciò che è veramente importante, 122
riflettere su queste cose, 13
riflettere su questi valori, 120
Riflettere sui principi stoici, 16
riflettere sui propri progressi, 125, 151, 152
riflettere sull'impermanenza della vita, 70
riformulare, 46, 60, 64, 127
Riformulare le sfide, 48, 87, 90, 96
Riformulare le sfide come opportunità di crescita, 48, 87, 90
rilasciare, 39, 66, 105, 142
rimanere, 70, 73, 82, 126, 162, 163, 166
rimanere impegnati, 163, 166
rinnovato senso dello scopo, 162
rinunciare, 51, 56, 62, 63, 158

rinunciare a guadagni a breve
    termine, 51
Ripetete questo mantra ogni
    giorno, 132
risentimento, 78, 105, 106, 107,
    108, 109, 110, 111, 112, 113,
    144, 145
risoluzioni più profonde e durature,
    50
risorse preziose, 162
rispondere, 22, 27, 28, 29, 49, 50,
    54, 70, 71, 73, 74, 76, 77, 78,
    80, 91, 95, 96, 101, 102, 121,
    132
rispondere alle situazioni con
    maggiore chiarezza e saggezza,
    78
rispondere all'emozione con
    saggezza, 28, 29
rispondere con equità e integrità, 50
rispondere in modo ponderato, 96
risposta, 20, 26, 43, 49, 59, 73, 79,
    86, 157
risposte, 24, 50, 51, 70, 71, 95, 98,
    99, 106, 151, 153
risposte alle sfide, 50, 51, 98
risposte emotive, 70, 71, 95
risultati, 43, 44, 56, 62, 63, 64, 65,
    66, 67, 115
risultati esterni, 43, 44, 63
risultati specifici, 62, 64
risultato, 55, 56, 57, 58, 64, 67, 99,
    143, 146, 152
risultato finale, 64
risuonare, 1
riunione importante, 54
rivelare il nostro vero io, 5, 33
rivelazioni impegnative, 8, 10
routine, 4, 40, 55, 68, 71, 97, 104,
    110, 141, 154, 155, 156, 163
routine coerente, 155
routine di meditazione quotidiana,
    71
routine quotidiana, 4, 55, 68, 104,
    110, 154, 155, 163

ruolo, 19, 24, 30, 46, 49, 67, 69,
    76, 86, 92, 101, 104, 117, 118,
    123, 124, 130
ruolo cruciale, 69, 92, 101, 130
saggezza, 1, 2, 4, 7, 8, 9, 10, 11, 15,
    16, 27, 37, 38, 40, 41, 42, 50,
    51, 62, 72, 73, 74, 75, 77, 80,
    85, 95, 96, 124, 125, 127, 128,
    129, 136, 161, 164, 165, 166,
    167
saggezza collettiva, 161
saggezza ed equanimità, 73, 74
saggezza senza tempo, 9, 77
saggezza stoica, 16, 95, 96
saggezza, coraggio, giustizia e
    temperanza, 1, 37, 41, 124, 125,
    164
salute, 46, 55, 87, 139, 146, 148
sano, 40, 45, 57, 59, 61, 67, 79, 80,
    96, 103, 112
sbocchi creativi, 100
scavare, 5, 19, 57, 82, 100, 164
scegliere, 20, 21, 43, 64, 71, 111,
    112, 114, 115
scelta consapevole, 22
scelte, 3, 20, 21, 22, 38, 43, 59, 77,
    78, 120, 121, 122
scelte consapevoli, 22
scenario peggiore, 86, 87
schemi, 2, 3, 4, 5, 6, 7, 8, 9, 12, 13,
    19, 20, 21, 23, 24, 25, 44, 57,
    58, 61, 64, 68, 70, 71, 72, 76,
    78, 82, 83, 86, 87, 106, 119,
    128, 152, 153
schemi di pensiero distorti, 61
schemi di pensiero negativi, 72
schemi e motivazioni inconsci, 77,
    78
schemi emotivi, 57, 58, 82, 152
schemi inconsci, 12, 13
schemi negativi, 86, 87
schemi ricorrenti, 9, 152, 153
schemi ricorrenti o fattori
    scatenanti, 9
scomodo, 82
scoperta di sé, 7, 92, 93, 98, 99,
    153, 154, 162, 165, 166, 167

scoperta olistica di sé, 10
scopo, 2, 13, 14, 40, 42, 43, 44, 45, 56, 76, 77, 92, 117, 118, 119, 120, 123, 124, 126, 127, 128, 130, 131, 132, 159, 160
scoprire, 5, 7, 9, 11, 13, 19, 21, 23, 25, 38, 39, 43, 44, 57, 58, 60, 66, 70, 76, 78, 79, 82, 86, 92, 93, 105, 117, 124, 125, 127, 128, 141, 148, 155, 161, 165
Scoprire, 118
scoprire aspetti di noi stessi, 19
scoprire aspetti nascosti, 11
scoprire fonti nascoste di forza e saggezza, 70
scoprire il nostro vero scopo, 124
scoprire intuizioni preziose, 92
sé, 7, 8, 9, 10, 17, 22, 27, 28, 32, 33, 61, 64, 74, 75, 89, 97, 103, 104, 111, 122, 123, 124, 132, 152, 153, 160
se stessi, 3, 6, 9, 13, 29, 51, 65, 83, 89, 91, 103, 104, 108, 109, 114, 115, 131, 132, 155
sedersi, 71, 81, 83
sedersi con il disagio e l'incertezza, 81
sensazioni, 27, 28, 51, 69, 72, 81, 82, 83, 140
sensazioni corporee, 28, 69
senso dello scopo, 9, 12, 118, 120, 136, 142
senso di autoconsapevolezza, 11, 98, 100, 152
senso di calma, 15, 40, 61, 69, 75, 90, 95
senso di compostezza, 97
senso di distacco, 72, 73, 74, 76
senso di distacco dai pensieri, 74
senso di gioia profondo e duraturo, 148
senso di isolamento, 161
senso di padronanza di sé, 20
sentimenti, 3, 10, 16, 19, 21, 30, 32, 44, 47, 60, 64, 69, 73, 78, 79, 80, 83, 95, 96, 97, 99, 106, 107, 108, 109, 113, 114, 115, 127, 129, 130, 131, 132, 143, 144, 145
sentimenti di amarezza, 47
sentimenti di inadeguatezza, 30
sentimenti di paura, 97, 99
sentire, 31, 42, 81, 123, 125, 137, 145, 149
senza cercare di cambiarlo o controllarlo, 13
senza farsi sopraffare, 89
senza giudicare, 13, 25, 70, 73, 74, 75, 80, 89, 90, 104, 106, 109, 158, 160
senza giudizio, 2, 5, 11, 20, 27, 28, 30, 31, 75, 81, 83, 165
serenità, 11, 16, 61, 76
serenità interiore, 11
serve, 24, 135, 155, 156, 162
sfera di controllo, 54
sfida, 26, 41, 42, 48, 87, 89, 91, 103, 166
sfidare, 119, 145
sfide, 1, 2, 3, 7, 26, 33, 34, 39, 40, 41, 46, 49, 64, 71, 76, 77, 78, 79, 80, 85, 86, 87, 88, 89, 90, 92, 94, 96, 97, 101, 104, 106, 121, 123, 124, 125, 126, 128, 129, 130, 132, 135, 141, 142, 143, 146, 147, 148, 151, 152, 153, 154, 157, 158, 159, 160, 161, 163, 166, 167
sfide contemporanee, 41
sfide moderne, 40, 41
sfide temporanee, 167
sforzo consapevole, 97, 129
sforzo inutile, 53
sicurezza, 31, 57, 58, 91, 111, 112
significativo, 15, 17, 114, 115
significato, 4, 14, 29, 40, 41, 42, 44, 45, 56, 62, 92, 118, 124, 125, 127, 128, 130, 131, 132, 135, 137
sistema di supporto, 161, 163
situazione, 3, 13, 16, 22, 26, 42, 48, 50, 52, 56, 58, 62, 67, 68, 73, 74, 77, 80, 86, 87, 90, 93, 96,

101, 103, 106, 111, 115, 123, 132, 143, 145, 149
situazione difficile, 13, 16, 22, 50, 52, 80, 90, 93, 96, 143, 145
situazione simile, 101, 103
situazioni, 11, 13, 21, 22, 24, 33, 38, 41, 42, 48, 49, 50, 51, 56, 63, 64, 65, 66, 67, 71, 73, 74, 75, 76, 78, 80, 89, 90, 99, 121, 123, 141, 159, 160
situazioni difficili, 11, 13, 33, 41, 42, 48, 49, 50, 51, 56, 63, 71, 73, 74, 75, 76, 78, 80, 89, 90, 99, 123, 141, 159, 160
situazioni specifiche, 21
smantellare, 24, 25
soccombere, 45, 47, 54, 95
soddisfacente, 1, 7, 15, 20, 21, 22, 26, 31, 32, 34, 42, 47, 48, 131, 145, 155, 166, 167
soddisfazione, 46, 47, 48, 78, 110, 124, 137, 139, 140, 143, 148
soddisfazione personale, 110
sofferenza, 79, 92, 102, 103, 111, 144, 145
solitudine, 162
soppresse, 130, 132
soppressi, 24
soppressione, 5
sopprimere, 63, 143
sopraffare, 13, 40, 129
sorgono emozioni o pensieri spiacevoli, 72
sostegno, 10, 15, 31, 33, 39, 48, 52, 64, 65, 82, 83, 103, 104, 106, 107, 110, 114, 115, 126, 136, 137, 141, 142, 146, 148, 155, 156, 157, 160, 161, 162, 163, 164, 167
sostegno agli altri, 48
sostegno e comprensione, 104, 106, 110
sostegno reciproco, 161, 163
sostegno verso gli altri, 48
sostenere, 15, 41, 42, 49, 118, 125, 126, 155, 162, 164, 165, 167

sostenere i nostri principi e valori, 49
sostenere il viaggio, 165
sostenere la crescita e l'integrazione, 125
sostenibile, 98, 99, 100, 154, 155
sostiene, 123, 162, 164
sotto il nostro controllo, 1, 8, 53, 57, 59, 62, 85, 102, 127, 131, 142, 143
sovranità, 58
spazio, 6, 28, 67, 68, 70, 72, 74, 78, 80, 82, 83, 103, 105, 106, 118, 152, 153, 161, 163
spazio non giudicante, 70
spazio sicuro, 6, 82, 83, 161, 163
spazio tranquillo per contemplare, 152, 153
sperimentare, 5, 6, 10, 25, 48, 68, 76, 110, 113, 139, 144, 145
spingerci in avanti, 60
spostare la nostra attenzione, 46, 135, 136, 141
spostare la nostra prospettiva, 60, 95, 111, 136, 141
squilibrio, 38
stabilire, 111, 112, 115, 146, 154, 155
stabilire dei limiti, 111, 112
stabilire una pratica quotidiana, 146, 154
stabilità, 11, 53, 56, 73, 75, 88, 90
stato interiore, 54
stoicismo, 1, 2, 4, 10, 11, 14, 16, 19, 26, 29, 31, 32, 33, 37, 39, 40, 42, 44, 48, 51, 56, 59, 61, 63, 65, 67, 68, 69, 72, 75, 77, 78, 79, 85, 87, 88, 91, 92, 93, 101, 102, 104, 110, 111, 117, 127, 128, 130, 135, 138, 139, 141, 142, 143, 146, 147, 154, 155, 157, 158, 159, 160, 161, 162, 163, 164
Stoicismo, 1, 7, 9, 10, 11, 12, 14, 65, 66, 94, 107, 151, 164
stress, 53, 77

strumenti, 2, 7, 10, 14, 75, 77, 79, 81, 87, 92, 127, 161, 163
strumenti pratici, 10, 14
strumento, 2, 33, 34, 135, 136
successi, 38, 118, 145
superare, 3, 11, 13, 15, 33, 39, 40, 41, 47, 48, 56, 85, 90, 93, 119, 126, 127, 128, 129, 143, 157, 159, 160, 166
superare gli ostacoli della vita con determinazione e grazia, 15
superare le debolezze, 166
superare le sfide, 40, 47, 56
svela, 98
svelare, 82, 118, 130
sviluppare, 2, 3, 7, 9, 11, 15, 16, 21, 22, 25, 26, 28, 29, 30, 31, 32, 33, 34, 39, 45, 47, 48, 59, 60, 61, 63, 67, 70, 71, 72, 73, 74, 76, 77, 78, 79, 80, 81, 82, 83, 86, 87, 88, 89, 90, 91, 92, 95, 96, 98, 99, 100, 102, 108, 111, 113, 114, 115, 125, 126, 128, 131,140, 143, 147, 148, 149, 157, 160, 166, 167
sviluppare il coraggio, 32
sviluppare la consapevolezza, 126
sviluppare la resilienza, 11, 15, 22, 33, 48, 63, 71, 78, 79, 80, 86, 87, 88, 89, 90, 91, 125, 147, 160, 167
sviluppare la resilienza e la forza interiore, 147
Sviluppare la resilienza e la forza interiore, 16
sviluppare la resilienza mentale ed emotiva, 15
sviluppare un atteggiamento più compassionevole e gentile, 29
sviluppare un senso di distacco e di non reattività, 81, 83
sviluppo, 7, 14, 16, 22, 29, 40, 55, 56, 62, 65, 69, 70, 72, 75, 79, 94, 97, 126, 129, 132, 140, 141, 142, 146, 152, 154, 155, 164, 165, 167

sviluppo continuo della testimonianza dei pensieri senza giudizio, 75
sviluppo della consapevolezza, 72
sviluppo olistico, 164
sviluppo personale, 7, 14, 16, 29, 40, 65, 71, 97, 126, 132, 141, 142, 152, 154, 155, 165, 167
tecnica pratica, 27, 86
tecnica stoica, 60, 88, 89
tecniche, 15, 16, 20, 52, 59, 61, 70, 71, 75, 76, 77, 79, 88, 89, 90, 94, 96, 102, 104, 107, 158, 159, 160
tecniche di ascolto riflessivo, 107
tecniche di auto-rilassamento, 104
tecniche fornite nel libro, 16
tecniche pratiche di mindfulness, 61
temi, 25, 44, 117, 119, 128
temperanza, 1, 8, 10, 38, 41, 42, 49, 51, 77, 131, 132
tempo, 2, 6, 9, 12, 19, 21, 23, 24, 25, 34, 35, 39, 40, 41, 44, 45, 46, 52, 54, 55, 56, 58, 64, 67, 71, 72, 74, 75, 78, 80, 90, 91, 93, 97, 99, 100, 106, 107, 119, 120, 122, 125, 126, 128, 137, 138, 140, 142, 145, 149, 152, 153, 154, 156, 159, 164, 166
tempo dedicato, 156
tempo extra, 54
tendenza, 6, 32, 144
tendenze manipolative, 65
tenere, 26, 112, 136, 152, 153
tentazione, 162
terapeuta, 9, 10, 40, 64, 83, 107, 129, 161, 163
terapia, 9, 34, 58, 61, 68, 93, 94, 97, 98, 100, 119, 126, 132
tono positivo per il resto della giornata, 148
tradito, 112
tradizioni filosofiche e spirituali, 42
traffico, 54, 55
trampolino di lancio, 91, 146
tranquillità, 47, 53, 57, 59, 60, 66, 76, 77, 89, 104, 108

tranquillità interiore, 53, 89, 104
trascurato, 9, 81
trasformando, 79, 96, 158
trasformare, 15, 44, 59, 60, 79, 80, 89, 91, 92, 93, 114, 115, 128, 142, 159, 160
Trasformare, 16, 61, 67
trasformare gli ostacoli in opportunità, 89
trasformare il dolore in crescita, 15, 91, 92, 159, 160
Trasformare il dolore in crescita, 16
trasformare il dolore in crescita personale, 91
trasformare le difficoltà in opportunità di sviluppo personale, 79
trasformarla in una fonte di forza e saggezza, 20, 22
trasformativo, 5, 9, 82, 118, 167
trasformazione, 15, 24, 26, 30, 33, 34, 51, 58, 66, 67, 68, 79, 82, 84, 92, 93, 94, 108, 113, 129, 141, 153, 155, 160
trasformazione interiore, 15
trasformazione personale, 24, 26, 51, 68, 84, 92, 94
trasformazione sostenibile, 155
trattare gli altri con rispetto, 38
trattare noi stessi con gentilezza, 101
trattare se stessi con gentilezza, 107, 109
Trattare se stessi con gentilezza, 28
trattenere, 108, 109, 110, 111
tratti ombra, 5, 6, 19, 20, 21, 24, 25
traumi, 57, 58, 60, 82, 83, 88, 93, 98, 105
tristezza, 5, 6, 26, 28, 29, 91, 96, 97, 99
trovare, 4, 11, 13, 14, 16, 40, 42, 43, 44, 45, 46, 49, 50, 51, 54, 59, 63, 66, 77, 78, 92, 95, 96, 109, 114, 115, 124, 126, 128, 130, 131, 138, 139, 140, 142, 143, 144, 145, 146, 147, 148, 149, 152, 155, 159, 162, 166

trovare gioia e appagamento, 46
trovare la forza interiore, 14
trovare la pace interiore, 78
trovare la resilienza e la forza, 124
trovare pace e appagamento, 148, 149
trovare soddisfazione e pace con le circostanze attuali, 46
trovare soluzioni, 16, 63
trovare un senso di pace e stabilità, 147
trovare un significato, 42, 43, 44, 45, 51, 92, 95
trovare un significato e uno scopo, 42, 43, 44
trovare una soluzione, 51
turbolenze emotive, 112, 161
uguaglianza, 38, 39
umana, 4, 123, 129, 131, 132, 139, 145, 164
umanità, 33, 101, 105, 106, 108
umanità condivisa, 105, 106, 108
umiltà, 108, 165
Un altro aspetto, 27, 30, 66, 70, 82, 98, 105, 111, 114, 144, 155
un bel tramonto, 47, 48, 146, 148
un quadro potente, 9, 41
un senso di scopo, 41, 43, 44, 56, 118, 124, 128
un senso più profondo, 2, 14, 67, 95, 108, 128, 130, 136, 137, 164
una comprensione più profonda, 2, 7, 11, 14, 19, 24, 26, 28, 33, 34, 35, 39, 43, 50, 65, 72, 95, 113, 152, 166
una comprensione più profonda di se stessi, 11, 28, 34
una confortante tazza di tè, 146
una connessione più forte con il mondo, 147, 149
una o due pratiche chiave, 154, 156
una profonda comprensione di se stessi, 21
una relazione più sana, 112
una significativa battuta d'arresto finanziaria, 47
una visione più ampia, 89

un'esperienza di vita più genuina e aperta, 33
un'espressione più equilibrata, 5, 6, 20
utile, 10, 69, 158
utilizzare, 51, 54, 142
utilizzare pratiche stoiche come il diario e la riflessione, 51
validità del feedback, 51
valore, 40, 42, 72, 83, 107, 110, 118, 122, 136, 143, 146, 160, 164
valore intrinseco, 107, 110, 143
valori, 3, 12, 13, 20, 22, 42, 43, 44, 45, 50, 51, 56, 68, 75, 93, 117, 118, 119, 120, 121, 122, 123, 124, 125, 126, 127, 128, 129, 130, 136, 140, 160, 162, 164, 165, 166
valori fondamentali, 44, 118, 119, 120, 122, 123, 125, 166
valori personali, 165
valori stoici, 22, 136
valutare, 2, 19, 42, 57, 107, 121, 151, 153, 157
valutare la crescita personale, 153
Valutare l'allineamento con i propri valori, 122
valutare quanto il nostro stile di vita e le nostre scelte attuali siano in linea, 121
valutazione realistica, 63
vederli come difetti, 98
vera felicità e realizzazione, 123
vergogna, 29, 82, 83
vergognosi, 4
vero scopo, 44, 45, 119, 120, 125, 131, 132
viaggio, 4, 5, 7, 9, 14, 15, 21, 23, 26, 30, 38, 43, 56, 64, 79, 82, 91, 92, 98, 99, 103, 113, 114, 117, 118, 119, 120, 122, 123, 125, 126, 128, 129, 130, 132, 137, 152, 153, 155, 156, 161, 162, 164, 165, 166, 167
viaggio alla scoperta di, 9, 130, 137, 152, 155, 156, 164, 167

viaggio alla scoperta di sé, 137, 164
viaggio continuo, 38, 122, 123, 125, 165, 166, 167
viaggio nello stoicismo, 162
viaggio trasformativo, 7, 14, 79, 128
viaggio trasformativo di crescita personale, 14
viaggio unico, 30
viaggio verso la resilienza, 98, 99
vincoli, 12
violati, 26
virtù, 1, 2, 8, 10, 15, 16, 17, 20, 22, 29, 37, 38, 39, 40, 41, 42, 43, 44, 48, 49, 50, 51, 58, 59, 76, 77, 86, 87, 118, 119, 124, 125, 127, 128, 129, 130, 131, 162, 163, 166
virtù della moderazione e dell'autocontrollo, 49
virtù dell'umiltà, 29
vista come una debolezza, 32
visualizzazione, 2, 3, 70, 71, 79, 80, 86, 87, 88, 90, 94, 96
visualizzazione negativa, 2, 3, 70, 71, 79, 80, 86, 87, 88, 90, 94, 96
vita appagante, 109, 119, 120
vita personale e professionale, 119
vita quotidiana, 2, 10, 16, 17, 20, 21, 23, 25, 37, 39, 40, 46, 49, 51, 68, 69, 72, 75, 77, 78, 97, 111, 120, 122, 124, 125, 136, 139, 140, 148, 157
vita virtuosa, 12, 37, 104
vitale, 5, 33, 53, 79, 155, 162, 164
vittorie, 146
vivere, 5, 7, 12, 13, 14, 17, 22, 24, 26, 31, 32, 34, 41, 42, 43, 53, 58, 59, 75, 77, 118, 119, 121, 122, 123, 124, 125, 126, 127, 128, 130, 139, 151, 164, 166
vivere in armonia, 139, 151, 164
vivere in armonia con la natura, 139, 151, 164
vivere in modo autentico, 13, 121, 123, 124, 126
vivere in modo autentico e in armonia, 121, 123

vivere la nostra vita, 41
vivere nel momento presente, 75
vivere una vita più autentica e soddisfacente, 31, 32
volontariato, 42, 52, 119, 120, 122
volontariato per una causa, 120
vulnerabilità, 5, 6, 7, 32, 33, 34, 49, 50, 64, 66, 97, 98, 99, 102, 103, 106, 127, 158, 166
zona di comfort., 64

www.ingramcontent.com/pod-product-compliance
Lightning Source LLC
LaVergne TN
LVHW011936070526
838202LV00054B/4681